Prüfungstraining für Bankkaufleute

Wolfgang Grundmann · Rudolf Rathner

Wirtschaftslehre

Prüfungswissen in Übersichten

Wolfgang Grundmann
Norderstedt, Deutschland

Rudolf Rathner
Berufskolleg am Wasserturm
Bocholt, Deutschland

Ursprünglich erschienen in der 10. Auflage von: Bankwirtschaft, Rechnungswesen und Steuerung, Wirtschafts- und Sozialkunde.

ISSN 2627-8588　　　　　　　ISSN 2627-8596　(electronic)
Prüfungstraining für Bankkaufleute
ISBN 978-3-658-39347-2　　　ISBN 978-3-658-39348-9　(eBook)
https://doi.org/10.1007/978-3-658-39348-9

Die Deutsche Nationalbibliothek verzeichnet diese Publikation in der Deutschen Nationalbibliografie; detaillierte bibliografische Daten sind im Internet über http://dnb.d-nb.de abrufbar.

© Springer Fachmedien Wiesbaden GmbH, ein Teil von Springer Nature 2022
Das Werk einschließlich aller seiner Teile ist urheberrechtlich geschützt. Jede Verwertung, die nicht ausdrücklich vom Urheberrechtsgesetz zugelassen ist, bedarf der vorherigen Zustimmung des Verlags. Das gilt insbesondere für Vervielfältigungen, Bearbeitungen, Übersetzungen, Mikroverfilmungen und die Einspeicherung und Verarbeitung in elektronischen Systemen.
Die Wiedergabe von allgemein beschreibenden Bezeichnungen, Marken, Unternehmensnamen etc. in diesem Werk bedeutet nicht, dass diese frei durch jedermann benutzt werden dürfen. Die Berechtigung zur Benutzung unterliegt, auch ohne gesonderten Hinweis hierzu, den Regeln des Markenrechts. Die Rechte des jeweiligen Zeicheninhabers sind zu beachten.
Der Verlag, die Autoren und die Herausgeber gehen davon aus, dass die Angaben und Informationen in diesem Werk zum Zeitpunkt der Veröffentlichung vollständig und korrekt sind. Weder der Verlag, noch die Autoren oder die Herausgeber übernehmen, ausdrücklich oder implizit, Gewähr für den Inhalt des Werkes, etwaige Fehler oder Äußerungen. Der Verlag bleibt im Hinblick auf geografische Zuordnungen und Gebietsbezeichnungen in veröffentlichten Karten und Institutionsadressen neutral.

Planung/Lektorat: Guido Notthoff
Springer Gabler ist ein Imprint der eingetragenen Gesellschaft Springer Fachmedien Wiesbaden GmbH und ist ein Teil von Springer Nature.
Die Anschrift der Gesellschaft ist: Abraham-Lincoln-Str. 46, 65189 Wiesbaden, Germany

Vorwort

Das Gesamtwerk „Prüfungswissen in Übersichten" hat mittlerweile einen Umfang von über 400 Seiten erreicht. Mit seiner Hilfe haben Sie den gesamten Lernstoff, der für Ihre Ausbildung relevant ist, im Griff.

Für den Fall, dass Sie gezielt die Inhalte eines einzelnen Lerngebietes trainieren möchten, haben wir das Gesamtwerk in vier handliche Teilbände aufgeteilt.

Dieser Band enthält das Prüfungswissen Wirtschaftslehre.

Für die Vorbereitung auf Ihre Klausuren und Prüfungen wünschen wir Ihnen viel Erfolg.

Hamburg und Bocholt im September 2022

Wolfgang Grundmann   Rudolf Rathner

wolfgang@grundmann-norderstedt.de   R@thner.de

Vorwort zur 10. Auflage des Gesamtwerkes „Bankwirtschaft, Rechnungswesen und Steuerung, Wirtschafts- und Sozialkunde – Prüfungswissen in Übersichten"

Haben Sie auch zu Beginn und während Ihrer Bankausbildung festgestellt, dass Sie mit komplexen Lerninhalten überhäuft wurden?

Das Nacharbeiten in den traditionellen Lehrbüchern hat Sie möglicherweise auch nicht weitergebracht. Einzelne Lerngebiete werden bis ins kleinste Detail ausführlich beschrieben und am Ende des Kapitels waren Sie auch nicht klüger, oder? Für Sie als Berufsanfänger ist es schwierig, aus der Fülle der komplexen Lerninhalte das Strukturwissen herauszuarbeiten, das Sie benötigen, um die anstehenden Klausuren und Prüfungen mit gutem Erfolg zu bestehen.

Gehören Sie auch zu den Auszubildenden, die sich ein paar Tage vor einer Klausur oder einer Prüfung intensiv vorbereiten? Und haben Sie festgestellt, dass Sie danach Ihr Gelerntes wieder schnell vergessen haben?

Sie mussten in Ihrem Kurzzeitgedächtnis wieder Platz machen für die Aneignung neuer Lerninhalte. Mit unserem vorliegenden Werk können Sie die wichtigsten Regeln und Details der Lerngebiete Ihrer Prüfungsfächer Bankwirtschaft, Rechnungswesen und Steuerung sowie Wirtschafts- und Sozialkunde schnell und kompakt für Ihre anstehenden Klausuren, Ihre Abschlussprüfung Teil 1 und Teil 2 aneignen, wiederholen und festigen.

Die einzelnen Lerngebiete sind der aktuellen Ausbildungsordnung und dem neuen Prüfungskatalog Bankkaufmann/Bankkauffrau für die Abschlussprüfung Teil 1 und Teil 2 entnommen worden. Die einzelnen Lerninhalte sind übersichtlich dargestellt und enthalten nur die wesentlichen Details, die Sie für den erfolgreichen Abschluss Ihrer Abschlussprüfung benötigen. Details, die von Ihnen in den schriftlichen Prüfungen nicht abgefordert werden können, wurden in diesem Werk nicht berücksichtigt. Die übersichtliche Darstellung der einzelnen Lerngebiete hilft Ihnen, sich die notwendigen Prüfungsinhalte in kurzer Zeit anzueignen oder zu wiederholen.

Sie finden am Ende der einzelnen Lerngebiete jeweils relevante Praxisbeispiele oder einfache Rechenbeispiele, mit denen Sachverhalte kurz und prägnant verdeutlicht werden.

Wie können Sie unser Werk zur Vorbereitung auf einzelne Klausuren bzw. zur Vorbereitung auf die Abschlussprüfung Teil 1 und Teil 2 nutzen?

Zunächst eignen Sie sich mit unserem neuen Werk das Strukturwissen zu den einzelnen Lerngebieten an. Das können Regeln, Verfahrensweisen, Betrags- und Meldegrenzen oder bestimmte Lerngebietsdetails sein. Die Abschlussprüfung Bankkaufmann/Bankkauffrau Teil 1 und Teil 2 besteht vorwiegend aus programmierten Aufgaben neben handlungsorientierten Bankfällen. Sie werden feststellen, dass Sie mit dem angeeigneten Strukturwissen jetzt programmierte Übungsaufgaben und situations-und handlungsorientierte Beispielfälle sicher und zuverlässig lösen können – ein Lernerfolg, der sich auch in Ihrer Abschlussprüfung Teil 1 und Teil 2 niederschlagen wird.

Die 10. Auflage wurde neu bearbeitet und auf den rechtlich aktuellen Stand gebracht. Grundlage der 10. Auflage waren die überarbeiteten Inhalte des neuen Prüfungskatalogs für den Ausbildungsberuf Bankkaufmann/Bankkauffrau. Die inhaltliche Gliederung wurde dem neuen Prüfungskatalog angepasst. Die Freigrenzen und Freibeträge wurden für das Ausbildungsjahr 2022 aktualisiert. Das Kapitel Online-Banking wurde um sichere TAN-Verfahren ergänzt und der inländische Zahlungsverkehr durch das Smartphone-Bezahlverfahren erweitert. Neu hinzugekommen sind die aktuellen Informationen zu den Sicherheitsvorschriften bei Internetkäufen mit Kreditkartenzahlungen nach dem Zwei-Faktoren-Authentifizierungsverfahren. Die Inhalte zum Pfändungsschutzkonto entsprechen den neuen gesetzlichen Veränderungen, die im Dezember 2021 in Kraft getreten sind. Im Zahlungsverkehr finden die aktuellen Verfügungs- und Haftungsgrenzen bei Kartenzahlungen, insbesondere beim Girogo-Verfahren Berücksichtigung. Die Informationen zum Wohnungsbau-Prämiengesetz wurden ebenfalls aktualisiert. Im Kapitel Geld- und Vermögensanlage wurden die Neuregelungen der DAX-Indizes und die Neuregelungen im Aktiengesetz zur Möglichkeit von Beschlussfassungen auf virtuellen Hauptversammlungen von Aktiengesellschaften aufgenommen und weitere Informationen zur Investmentbesteuerung in die Strukturübersichten eingearbeitet. Die gesetzlichen Vorschriften zu den Fernabsatzverträgen wurden aktualisiert. Die Beiträge und Beitragsbemessungsgrenzen in der Sozialen Sicherung wurden auf den Stand von 2022 gebracht.

Hamburg und Bocholt im Mai 2022

Wolfgang Grundmann   Rudolf Rathner

wolfgang@grundmann-norderstedt.de   R@thner.de

Inhaltsverzeichnis

Prüfungswissen Wirtschaftslehre 1

- **A Rechtliche Grundlagen** 3
  - 1. Rechts- und Geschäftsfähigkeit 3
  - 2. Formvorschriften bei Verträgen 4
  - 3. Rechtsgeschäfte 7
  - 4. Willenserklärungen 7
  - 5. Willenserklärungen von beschränkt Geschäftsfähigen 9
  - 6. Willensmängel bei Rechtsgeschäften 10
  - 7. Kaufvertrag 10
    - 7.1 Begriff und Verpflichtungen 10
    - 7.2 Leistungsstörungen 11
  - 8. Eigentumserwerb 12
  - 9. Fernabsatzverträge 13
  - 10. Allgemeine Geschäftsbedingungen 15
  - 11. Vergleich öffentliches und privates Recht 16

- **B Rechtsformen** 19
  - 1. Kaufmannseigenschaften 19
  - 2. Gesellschaft bürgerlichen Rechts (GbR) 20
  - 3. Partnerschaft 21
  - 4. Personengesellschaften 22
  - 5. Kapitalgesellschaften 27
  - 6. Prokura 30
  - 7. Handlungsvollmacht 33

- **C Kartelle und Fusionen** 35
  - 1. Kartelle 35
  - 2. Fusionen 36
  - 3. Missbrauchsaufsicht 37

- **D Steuern** 39
  - 1. Lohnsteuernachweis 39
  - 2. Einkunftsarten 40
  - 3. Werbungskosten 41
  - 4. Sonderausgaben 42
  - 5. Außergewöhnliche Belastungen 43
  - 6. Steuerklassen 44
  - 7. Steuerarten – Finanzausgleich 45

E	**Marketing**	**47**
	1. Marketingmaßnahmen	47
	2. Marktforschung	47
	3. Marketingbegriffe	48
F	**Wirtschaftsordnungen**	**51**
G	**Ökonomisches Prinzip**	**55**
H	**Markt und Preis**	**57**
	1. Kosten	57
	2. Meistausführungsprinzip	58
	3. Preiselastizität der Nachfrage	59
	4. Produzentenrente	59
	5. Konsumentenrente	60
I	**Marktformen**	**61**
	1. Marktmodelle	61
	2. Vollkommener und unvollkommener Markt	61
	3. Nachfrageverschiebung	62
J	**Volkswirtschaftliche Gesamtrechnung**	**65**
	1. Der erweiterte Wirtschaftskreislauf	65
	2. BIP und BNE	67
	3. Lohnquote und Gewinnquote	72
	4. Sparquote	73
	5. Abgabenquote	74
	6. Personelle Einkommensverteilung	74
K	**Wirtschafts- und Finanzpolitik**	**75**
	1. Konjunkturphasen	75
	2. Konjunkturindikatoren	77
	3. Arbeitslosenquote	79
	4. Finanzpolitik	80
	5. Nachfrage- und angebotsorientierte Wirtschaftspolitik	82
L	**Geldpolitik**	**83**
	1. Europäisches System der Zentralbanken (ESZB)	83
	2. Chronik des Euros	84
	3. Europäische Zentralbank	88
	3.1 Organisation der EZB	88
	3.2 Ziele und Aufgaben der EZB	88

    4. Instrumentarium der EZB 89
        4.1 Hauptrefinanzierungs- und Offenmarktgeschäfte 89
        4.2 Tenderverfahren 90
        4.3 Ständige Fazilitäten 91
        4.4 Mindestreserve 92
    5. Geldmengenpolitik der EZB 93
    6. Wirkungen einer Änderung des Leitzinssatzes 94
    7. Geldschöpfung 94
    8. Inflation 95
    9. Zahlungsbilanz 96

M Organe der Europäischen Union 99

PRÜFUNGSWISSEN WIRTSCHAFTSLEHRE

A Rechtliche Grundlagen

1. Rechts- und Geschäftsfähigkeit

Merkmale	Rechts-fähig-keit	Geschäftsunfähigkeit	Beschränkte Geschäftsfähigkeit	Geschäfts-fähigkeit (Volljährig-keit)
Zeitpunkt/ Zeitraum	§ 1 BGB Vollendung der Geburt bis zum Tod	§ 104 BGB Vollendung der Geburt bis zur Vollendung des 7. Lebensjahres oder Personen, die sich nicht vorübergehend in einem die freie Willensbildung ausschließenden Zustand krankhafter Störung der Geistestätigkeit befinden	§§ 106 bis 113 BGB Vollendung des 7. Lebensjahres bis zur Vollendung des 18. Lebensjahres	§ 2 BGB Mit Vollendung des 18. Lebensjahres
Rechtliche Bedeutung	Träger von Rechten und Pflichten	Die Willenserklärung eines Geschäftsunfähigen ist nichtig. Nichtig ist auch eine Willenserklärung, die im Zustand der Bewusstlosigkeit oder vorübergehenden Störung der Geistestätigkeit abgegeben wird. Geschäftsunfähige haben nach dem Gesetz keinen rechtsgeschäftlich bedeutsamen Willen. Für sie handeln stets die gesetzlichen Vertreter/Betreuer.	Der Minderjährige bedarf zu einer Willenserklärung, durch die er nicht lediglich einen rechtlichen Vorteil erlangt, der Einwilligung seines gesetzlichen Vertreters. Bis zur Zustimmung der gesetzlichen Vertreter ist das Rechtsgeschäft schwebend unwirksam.	Die geschäftsfähige Person kann rechtswirksam Rechte und Pflichten erwerben.
Vertragsabschluss		Nichtig, Botengeschäft möglich. Nach § 105 a BGB kann ein volljähriger Geschäftsunfähiger ein Geschäft des täglichen Lebens, das mit geringwertigen Mitteln bewirkt werden kann, tätigen.	Ohne Zustimmung der gesetzlichen Vertreter nach § 107 BGB möglich, wenn der Minderjährige nur einen rechtlichen Vorteil erlangt, z. B. Geldgeschenk von der Oma. Nach § 110 BGB, wenn die Leistung mit eigenen Mitteln bewirkt wird, die ihm mit Zustimmung der gesetzlichen Vertreter oder von einem Dritten mit der Zustimmung der gesetzlichen	

			Vertreter zur freien Verfügung oder zu einem bestimmten Zweck übergeben wurden. Nach § 113 BGB, wenn der gesetzliche Vertreter den Minderjährigen ermächtigt, in ein Arbeitsverhältnis zu treten, so ist der Minderjährige für solche Rechtsgeschäfte unbeschränkt geschäftsfähig, welche die Eingehung oder Aufhebung eines Arbeitsverhältnisses der gestatteten Art oder die Erfüllung der sich aus einem solchen Verhältnis ergebenden Verpflichtungen betreffen, z. B. Abschluss eines Kontovertrages zur Überweisung des Arbeitsentgeltes.	

2. Formvorschriften bei Verträgen

Allgemeine Formvorschriften bei Verträgen nach § 126 BGB

Formfrei	Jede Art des Vertragsabschlusses ist möglich. Beispiele: • Beim Kauf einer Zeitschrift wird der Vertrag mündlich, durch Mimik oder Gestik abgeschlossen. • Beim Kauf eines gebrauchten Pkw wird der Vertrag häufig per Handschlag abgeschlossen und danach schriftlich noch mal aus Gründen der Rechtssicherheit fixiert.
Textform nach § 126 b BGB	Ist durch Gesetz Textform vorgeschrieben, so muss die Erklärung in einer Urkunde oder auf andere zur dauerhaften Wiedergabe in Schriftzeichen geeignete Weise abgegeben, die Person des Erklärenden genannt und der Abschluss der Erklärung durch Nachbildung der Namensunterschrift oder anders erkennbar gemacht werden. Beispiel: Wird einem Verbraucher durch Gesetz ein Widerrufsrecht nach § 355 BGB eingeräumt, so ist er an seine auf den Abschluss des Vertrags gerichtete Willenserklärung nicht mehr gebunden, wenn er sie fristgerecht widerrufen hat. Der Widerruf muss keine Begründung enthalten und ist in Textform oder durch Zurücksendung der Sache innerhalb von zwei Wochen gegenüber dem Unternehmer zu erklären. Zur Fristwahrung genügt die fristgerechte Absendung.
Schriftform nach § 126 BGB	Ist durch Gesetz schriftliche Form vorgeschrieben, so muss die Urkunde von dem Aussteller eigenhändig durch Namensunterschrift oder mittels notariell beglaubigten Handzeichens unterzeichnet werden. Beispiel: Verbraucherdarlehensverträge sind schriftlich abzuschließen (§ 492 BGB Abs. 1).

A Rechtliche Grundlagen

Elektronische Form nach § 126 a BGB	Soll die gesetzlich vorgeschriebene schriftliche Form durch die elektronische Form ersetzt werden, muss der Aussteller der Erklärung dieser seinen Namen hinzufügen und das elektronische Dokument mit einer qualifizierten elektronischen Signatur nach dem Signaturgesetz versehen. Beispiel: Bei der elektronischen Überweisung wird die Unterschrift durch die Transaktionsnummer (TAN) ersetzt.
Notarielle Beurkundung nach § 128 BGB	Ist durch Gesetz notarielle Beurkundung eines Vertrags vorgeschrieben, so genügt es, wenn zunächst der Antrag und sodann die Annahme des Antrags von einem Notar beurkundet wird. Beispiel: Nach § 311 b BGB ist ein Vertrag, durch den sich der eine Teil verpflichtet, das Eigentum an einem Grundstück zu übertragen oder zu erwerben, notariell zu beurkunden.
Öffentliche Beglaubigung nach § 129 BGB	Ist durch Gesetz für eine Erklärung öffentliche Beglaubigung vorgeschrieben, so muss die Erklärung schriftlich abgefasst und die Unterschrift des Erklärenden von einem Notar beglaubigt werden. Die öffentliche Beglaubigung kann durch die notarielle Beurkundung der Erklärung ersetzt werden. Beispiel: Nach § 12 HGB sind die Anmeldung zur Eintragung in das Handelsregister in öffentlich beglaubigter Form einzureichen. Stellen, die öffentlich beglaubigen können: Einwohnermeldeamt, Notare, Schulen, Pastorate, Sparkassen

Rechtliche Grundlagen

Formvorschrift	Erklärungen	Beispiele	Besonderheiten bei bestimmten Verträgen
Formlos	Der Gesetzgeber sieht keine besonderen Formvorschriften vor. Jede Form ist zulässig.	• mündlich • per Handschlag • eindeutige Gesten • schlüssiges Verhalten	**Ausbildungsvertrag:** Formfrei gültig; vor Beginn der Ausbildungsphase müssen die vertragswesentlichen Inhalte vom Auszubildenden und ggf. seinen gesetzlichen Vertretern sowie dem Ausbildungsbetrieb eigenhändig unterschrieben werden, vgl. § 11 BBiG. **Arbeitsvertrag:** Der Arbeitsvertrag kann mündlich abgeschlossen werden. Nach § 2 des Nachweisgesetzes muss der Arbeitgeber die vertragswesentlichen Inhalte des Arbeitsvertrages dem Arbeitnehmer spätestens einen Monat nach Arbeitsaufnahme eigenhändig unterschrieben aushändigen.

Formvor-schrift	Erklärungen	Beispiele	Besonderheiten bei bestimmten Verträgen
Schriftform	Urkunde muss vom Aussteller eigenhändig durch Namensunterschrift unterzeichnet werden.	• Bürgschaftserklärung nach § 766 BGB • Verbraucherdarlehensvertrag nach § 492 BGB	Errichtung eines Testaments: Nach § 2064 kann der Erblasser ein Testament nur persönlich errichten. Nach § 2247 kann der Erblasser ein Testament durch eine eigenhändig geschriebene und unterschriebene Erklärung errichten.
Textform	Sieht der Gesetzgeber „Textform" vor, so muss die Erklärung in einer Urkunde oder auf eine andere zur dauerhaften Wiedergabe in Schriftzeichen geeigneten Weise abgegeben werden. Die Person des Erklärenden muss genannt und der Abschluss der Erklärung durch Nachbildung der Namensunterschrift oder anders erkennbar gemacht werden.	E-Mail, Fax	Widerrufsbelehrung, Rücktritt vom Ratenkredit innerhalb der 14-tägigen Widerrufsfrist
Öffentliche Beglaubigung	Ist durch Gesetz eine Erklärung in öffentlich beglaubigter Form vorgesehen, so muss die Erklärung schriftlich abgefasst und die Unterschrift des Erklärenden von einem Notar beglaubigt werden.	Eintragung eines Prokuristen in das Handelsregister	
Notarielle Beurkundung	Ist durch Gesetz eine notarielle Beurkundung vorgeschrieben, so genügt es, wenn zunächst der Antrag und sodann die Annahme des Antrags von einem Notar beurkundet wird.	Nach § 311 b BGB sind Grundstückskaufverträge zu beurkunden.	Nach § 925 BGB (Auflassung) muss die zur Übertragung eines Grundstücks erforderliche Einigung des Veräußerers und des Erwerbers bei gleichzeitiger Anwesenheit beider Teile vor einem Notar erklärt werden.

A Rechtliche Grundlagen

3. Rechtsgeschäfte

Wesen	• Das Rechtsgeschäft ist ein Tatbestand, der aus mindestens einer Willenserklärung sowie oft aus weiteren Elementen besteht. An diesen Tatbestand knüpft man den Eintritt des gewollten rechtlichen Erfolges. • Das Rechtsgeschäft muss mindestens eine Willenserklärung enthalten, z. B. Antrag nach § 145 BGB. • Rechtsgeschäft mit mehreren Willenserklärungen ist z. B. der Kaufvertrag nach § 433 BGB. • Oft müssen noch andere Tatbestandsmerkmale hinzutreten, um den Rechtserfolg herbeizuführen, z. B. muss die Übergabe noch zum dinglichen Einigungsvertrag hinzukommen, um den Rechtserfolg „Eigentumsübergang" herbeizuführen.
Arten	**Einseitige Rechtsgeschäfte** enthalten die Willenserklärung nur einer Person, z. B. Kündigung. **Mehrseitige Rechtsgeschäfte** enthalten die Willenserklärungen von mindestens zwei Personen, z. B. beim Kaufvertrag nach § 433 BGB. • Gegenseitig verpflichtende Rechtsgeschäfte: Beide Vertragspartner verpflichten sich wechselseitig, z. B. beim Kaufvertrag. Der Verkäufer übereignet die Sache an den Käufer, weil er vom Käufer den vereinbarten Kaufpreis dafür erhält. • Einseitig verpflichtende Rechtsgeschäfte: Nur ein Vertragspartner verpflichtet sich gegenüber dem anderen Vertragspartner, z. B. beim Schenkungsvertrag nach § 516 BGB.

4. Willenserklärungen

Arten von Willenserklärungen

Empfangsbedürftige Willenserklärungen	• Willenserklärungen, die an andere Personen gerichtet sind. • Sie sind wirksam gegenüber einem Anwesenden unmittelbar mit Abgabe der Willenserklärung. Beispiele: • Annahme eines Kaufvertrages • Antrag • Angebot • Kündigung • Rücktritt vom Vertrag • Vollmachtserteilung
Nicht empfangsbedürftige Willenserklärungen	• Willenserklärungen, die nicht an eine andere Person gerichtet sind, sondern an die Öffentlichkeit. • Sie sind wirksam zu dem Zeitpunkt, in dem sie abgeben werden. Beispiele: • Testament • Auslobung

Rechtliche Beurteilung von Rechtsgeschäften

Rechtsgeschäfte	Beispiele
Wirksames Rechtsgeschäft	• Der 21-jährige Auszubildende Peter Müller kündigt schriftlich seinen Ausbildungsvertrag mit der Begründung, dass er einen Studienplatz aufnehmen werde. • Herr Kramer kauft im Blumengeschäft „Tulpe" einen teuren Blumenstrauß, da er zur Hochzeit seines Freundes eingeladen wurde. Da sich das Brautpaar kurz vor der Trauung zerstritten hat, wurde die Hochzeit kurzfristig abgesagt. Herr Kramer bringt den Blumenstrauß in das Blumengeschäft zurück mit der Begründung, dass er den Blumenstrauß nicht mehr braucht (Motivirrtum).
Nichtiges Rechtsgeschäft, da einseitiges Rechtsgeschäft mit Minderjährigem ohne Zustimmung der gesetzlichen Vertreter	Der 17-jährige Auszubildende kündigt ohne Genehmigung seiner Eltern schriftlich sein Ausbildungsverhältnis mit der Begründung, dass er seine Berufsausbildung aufgeben möchte, um eine andere Berufsausbildung zu beginnen.
Schwebend unwirksames Rechtsgeschäft wegen fehlender Erklärung der gesetzlichen Vertreter	Der 14-jährige Schüler kauft sich beim Fahrradhändler Hertel ein neues Fahrrad zum Preis von 300,00 EUR. Er teilt dem Verkäufer beim Bezahlvorgang mit, dass er das Geld selbst verdient hat und seine Eltern mit dem Kauf einverstanden sind.
Sittenwidriges Rechtsgeschäft, da der Lebenspartner noch verheiratet ist.	Der noch verheiratete Friedhelm Schmidt schließt mit seiner neuen Lebensgefährtin Anne Müller einen Partnerschaftsvertrag ab. In diesem Vertrag verpflichtet sich Herr Schmidt Frau Müller gegenüber zu einer Geldzahlung von 20.000,00 EUR bzw. 40.000,00 EUR, wenn er sich von seiner neuen Partnerin vor Ablauf von fünf Jahren bzw. zehn Jahren schuldhaft trennt.
Anfechtbares Rechtsgeschäft • wegen Irrtums • wegen arglistiger Täuschung Das Rechtsgeschäft ist grundsätzlich wirksam. Wird es angefochten wegen Irrtums oder arglistiger Täuschung, ist das Rechtsgeschäft nach § 142 BGB nichtig.	• Herr Schulz bestellt auf einer Bestellkarte den Buchtitel „Kompaktwissen" vom Bildungsverlag in Köln mit der Bestellnummer 8927. Er erhält per Post das Lehrbuch „Grundwissen für Rechtsanwalts- und Notarsfachangestellte", da er die Bestellnummer irrtümlich vertauscht hat. • Herr Müller erwirbt vom Pkw-Händler einen Gebrauchtwagen, Kilometerstand 10.983. Im Nachhinein wird festgestellt, dass der Kilometerstand manipuliert wurde, aktueller Kilometerstand ist 110.883.

Rechtsgeschäfte	Beispiele
Nichtiges Rechtsgeschäft • **wegen Geschäftsunfähigkeit** • **wegen gesetzlichen Verbotes** • **wegen Verbot der Schwarzarbeit**	• Der 6-jährige Kevin kauft sich am Kiosk eine Tüte Haribo zu 1,50 EUR. • Der 17-jährige Dennis kauft sich im Supermarkt für die Gartenparty eine Flasche Whisky zu 13,50 EUR. • Der Hauseigentümer Müller beschäftigt regelmäßig gegen Bezahlung ohne Steuerkarte einen Rentner, der ihm zehn Stunden in der Woche seinen Garten in Ordnung bringt.

5. Willenserklärungen von beschränkt Geschäftsfähigen

Grundsatz	Das Rechtsgeschäft ist schwebend unwirksam nach §§ 106, 107 BGB. Zur Rechtswirksamkeit bedarf das Rechtsgeschäft der Zustimmung der gesetzlichen Vertreter.
Das Rechtsgeschäft mit beschränkt Geschäftsfähigen ist ohne Zustimmung der gesetzlichen Vertreter wirksam.	Das Rechtsgeschäft hat nur einen rechtlichen Vorteil (§ 108 BGB). Das Rechtsgeschäft wird mit Mitteln bewirkt, die der Minderjährige von den gesetzlichen Vertretern oder mit deren Zustimmung von einem Dritten (z. B. der Tante) zur freien Verfügung erhalten hat (§ 110 BGB). Der Minderjährige schließt auf der Grundlage eines Arbeitsvertrages, den er mit Zustimmung der gesetzlichen Vertreter abgeschlossen hat, einen Vertrag ab, z. B. Kauf einer Monatsfahrkarte, um zur Arbeitsstelle zu gelangen (§ 113 BGB).
Einseitige Rechtsgeschäfte mit Minderjährigen	Sie sind von vornherein nichtig, z. B. Erteilung einer Kontovollmacht, Kündigung eines Ausbildungsverhältnisses. Mit Zustimmung der gesetzlichen Vertreter ist das einseitige Rechtsgeschäft wirksam. Beachte: Auf der Grundlage eines Arbeitsvertrages mit Zustimmung der gesetzlichen Vertreter ist die Kündigung des Arbeitsverhältnisses durch den Minderjährigen rechtswirksam.

6. Willensmängel bei Rechtsgeschäften

Begriff	In den Fällen des unbewussten Abweichens vom inneren Willen und dem nach außen Erklärten kann der Erklärende seine Willenserklärung anfechten, z. B. einen Kaufantrag. Damit wird das geschlossene Rechtsgeschäft rückwirkend unwirksam nach § 142 BGB. Der Kaufvertrag wird nichtig.
Inhaltsirrtum (§ 119 Abs. 1 BGB 1. Variante)	Der Erklärende benutzt zwar die richtige Bezeichnung für einen Gegenstand, doch bedeutet diese Bezeichnung etwas anderes, als er wirklich gemeint hat, und der Erklärungsempfänger hat auch die andere Bedeutung verstanden. **Beispiel:** Herr Müller unterschreibt einen Mietvertrag im Glauben, es sei ein Leihvertrag. Herr Müller hat eine rechtlich erhebliche Willenserklärung mit alle ihren Bestandteilen abgegeben.
Erklärungsirrtum (§ 119 Abs. 1 BGB 2. Variante)	Der Erklärende irrt im Moment der Abgabe nicht über die Bedeutung des Inhalts des benutzten Erklärungszeichens, sondern er benutzt versehentlich ein falsches Erklärungszeichen. **Beispiel:** Herr Lange will eine Münze zu 540 EUR verkaufen und schreibt versehentlich 450 EUR. Herr Lange kann seine Willenserklärung gemäß § 119 BGB wegen Erklärungsirrtums anfechten. Eine Willenserklärung kann nach § 119 und § 123 BGB anfechtbar sein. Die abgegebene Willenserklärung ist bis zur Anfechtung gültig und wird durch die Anfechtung rückwirkend nichtig.
Motivirrtum	Ein Beispiel für einen nicht anfechtbaren unbeachtlichen Motivirrtum liegt vor, wenn z. B. Herr Hansen ein wertvolles Buch kauft mit der Absicht kauft, es dem Brautpaar Junge und Krause zu deren geplanter Hochzeit zu schenken. Da Junge und Krause sich zerstreiten, kommt diese Hochzeit nicht zustande. Hansen kann nicht nach § 119 Abs. 1 BGB wegen Irrtums gegenüber dem Verkäufer den Kaufvertrag anfechten.

7. Kaufvertrag

7.1 Begriff und Verpflichtungen

Wesen	Die vertragstypischen Pflichten des Kaufvertrags sind in § 433 BGB festgelegt. Inhalt des Kaufvertrags: • Leistungsgegenstand • Preis • Abwicklungsmodalitäten Jeder der beiden Vertragsparteien kann gegenüber der anderen Partei Erfüllungsansprüche geltend machen. Das Schuldverhältnis ist erloschen, wenn der Vertrag von beiden Seiten ordnungsgemäß erfüllt wird. Wird die Abwicklung des Vertrags gestört, können Ersatzansprüche nach den allgemeinen Regeln des Schuldrechts entstehen, auf die §§ 437 und 440 BGB verweisen.

Vertragstypische Pflichten	Der Kaufvertrag ist ein schuldrechtliches Verpflichtungsgeschäft, durch das der Verkäufer verpflichtet wird, dem Käufer die Sache frei von Sach- und Rechtsmängeln zu übergeben und das Eigentum daran zu verschaffen. Nach § 929 BGB wird dem Käufer vom Verkäufer das Eigentum an einer verkauften beweglichen Sache übertragen. Mit Übergabe der Sache geht die Gefahr des zufälligen Untergangs bzw. einer zufälligen Verschlechterung auf den Käufer über (§ 446 BGB). Der Käufer wird verpflichtet, die gekaufte Sache abzunehmen und zu bezahlen.

7.2 Leistungsstörungen

Bei der Erfüllung vertraglicher Pflichten kann es zu Störungen kommen:
- Ein neues Gerät funktioniert nicht.
- Ein Kunde zahlt nicht.
- Eine Leistung wird nicht rechtzeitig erbracht.

In all diesen Fällen liegen Pflichtverletzungen des Schuldners vor, er hat sein geschuldetes Leistungsprogramm objektiv nicht erbracht.

Objektive Pflichtverletzungen sind:
- Mangelhafte Leistungen: Die Leistung wird erbracht, aber schlecht.
- Verspätete Leistungen: Es besteht ein vorübergehendes Leistungshindernis.
- Unmöglichkeit der Leistung: Es besteht ein dauerhaftes Leistungshindernis.

Sind Pflichtverletzungen des Schuldners und daraus folgende Sanktionen zu prüfen, müssen bestimmte Grundsätze beachtet werden:
- Geschlossene Verträge sind zu erfüllen. Immer dann, wenn eine ordnungsgemäße Erfüllung möglich und sinnvoll ist, muss der Schuldner grundsätzlich die Chance zur Nacherfüllung erhalten.
- Nacherfüllung bedeutet Neulieferung oder Nachbesserung. Dabei hat der Verbraucher das Wahlrecht, Nachbesserung oder Neulieferung vom Verkäufer zu verlangen. Nach zweimaliger fehlgeschlagener Nachbesserung kann der Verbraucher vom Vertrag zurücktreten.
- Jeder entstandene Schaden führt grundsätzlich zu einem Anspruch auf Schadensersatz, wenn die andere Vertragspartei den Schaden zu vertreten hat.
- Das Gesetz hat als grundsätzliche Ansprüche bei Pflichtverletzungen Rücktritt vom Vertrag und Schadensersatz vorgesehen.

Innerhalb der ersten sechs Monate der Gewährleistungsfrist kann davon ausgegangen werden, dass die Ware von vornherein fehlerhaft geliefert wurde. Nach § 476 BGB trägt der Verkäufer die Beweislast, dass der Käufer mit der Ware unsachgerecht umgegangen ist.

8. Eigentumserwerb
Eigentumserwerb an beweglichen Sachen

Arten der Eigentumsübertragung	Situation	Eigentumserwerb
§ 929 Satz 1 BGB Übertragung des Eigentums an einer beweglichen Sache	Der Eigentümer hat unmittelbaren Besitz an der Sache.	Einigung und Übergabe der Sache an den Erwerber und damit Verschaffung des unmittelbaren Besitzes
§ 929 Satz 2 BGB Erwerber ist bereits im Besitz der Sache.	Der Erwerber hat schon, z. B. als Mieter, unmittelbaren Besitz an der Sache.	Einigung über den Eigentumsübergang
§ 930 BGB Besitzkonstitut	Der Eigentümer hat unmittelbaren Besitz, der Erwerber soll Eigentum ohne unmittelbaren Besitz erhalten.	Einigung und Übergabesurrogat: statt Übergabe Einräumung des mittelbaren Besitzes an den Erwerber
§ 932 Abs. 1 Satz 1 Gutgläubiger Erwerb von Nichtberechtigten	Der Mieter übereignet Mietsache, z. B. geliehenes Fahrrad, nach § 929 Satz 1 BGB.	Voraussetzungen: Einigung mit rechtmäßigem Besitzer und Übergabe der Sache an den Erwerber, der den Besitzer gutgläubig für den Eigentümer hält.
§ 932 Abs. 1 Satz 2 BGB	Der Mieter verleiht Mietsache, z. B. gemietetes Fahrrad, und übereignet an Entleiher nach § 929 Satz 2 BGB.	Voraussetzungen: Der Erwerber hat die Sache schon in Besitz und hat diesen Besitz von dem Veräußerer erlangt, den er gutgläubig für den Eigentümer hält.
§ 933 BGB Gutgläubiger Erwerb bei Besitzkonstitut	Der Mieter übereignet die Mietsache gemäß §§ 929, 930 BGB zur Sicherung eines Kredits an eine gutgläubige Bank.	Erwerber vereinbart mit Veräußerer Besitzmittlungsverhältnis im Sinne von § 930 BGB: Der gutgläubige Erwerber wird mittelbarer Besitzer, aber erst mit Übergabe der Sache Eigentümer.

Eigentumserwerb an Immobilien

Art der Eigentumsübertragung	Situation	Eigentumserwerb
§ 925 Abs. 1 BGB Auflassung	Eigentumserwerb an einem Grundstück	Einigung über den Eigentumserwerb bei gleichzeitiger Anwesenheit von Veräußerer und Erwerber vor dem Notar (Auflassung) und Eintragung im Grundbuch nach § 19 GBO

Eigentumserwerb an Effekten

Arten der Eigentumsübertragung	Situation	Eigentumserwerb
Eigentumsverschaffung von Effekten	Der Kunde kauft Effekten und verlangt die Auslieferung	Einigung und Übergabe der Effekten
Eigentumsübertragung an Effekten	Der Kunde besitzt ein Girosammeldepot.	Einigung über den Eigentumserwerb und Gutschrift auf Girosammeldepot (§ 24 Abs. 2 Depotgesetz)
Eigentumsübertragung an Effekten	Der Kunde besitzt ein Streifbanddepot (Sonderverwahrung).	Der Eigentumsübergang tritt mit Absendung des Stückeverzeichnisses ein (§ 18 Abs. 3 Depotgesetz).

Eigentumsvorbehalt
Mit der Vereinbarung eines Eigentumsvorbehalts erfolgt die Eigentumsübertragung nicht mehr bei der Übergabe der Sache, sondern die Eigentumsübertragung wird auf einen späteren Zeitpunkt verschoben, z. B. wenn die Sache vollständig bezahlt wurde. Der Eigentumsvorbehalt sichert die Ansprüche des Verkäufers auf Herausgabe der Sache, wenn die Sache nicht vollständig bezahlt wird. Ein Eigentumsvorbehalt lässt sich grundsätzlich durch Allgemeine Geschäftsbedingungen vereinbaren.

Auszug aus dem BGB
§ 449 (Eigentumsvorbehalt)
(1) Hat sich der Verkäufer einer beweglichen Sache das Eigentum bis zur Zahlung des Kaufpreises vorbehalten, so ist im Zweifel anzunehmen, dass das Eigentum unter der aufschiebenden Bedingung vollständiger Zahlung des Kaufpreises übertragen wird (Eigentumsvorbehalt).
(2) Aufgrund des Eigentumsvorbehalts kann der Verkäufer die Sache nur herausverlangen, wenn er vom Vertrag zurückgetreten ist.

9. Fernabsatzverträge

Fernabsatzverträge sind Verträge über die Lieferung von Waren oder die Erbringung von Dienstleistungen, die zwischen einem Unternehmer und einem Verbraucher unter ausschließlicher Verwendung von Fernkommunikationsmitteln abgeschlossen werden. Nicht hierunter zählen die Fälle, bei denen der Vertragsschluss nicht im Rahmen eines für den Fernabsatz organisierten Vertriebs- oder Dienstleistungssystems erfolgt.

Fernkommunikationsmittel sind Kommunikationsmittel, die zur Anbahnung oder zum Abschluss eines Vertrages zwischen einem Verbraucher und einem Unternehmer ohne gleichzeitige körperliche Anwesenheit der Vertragsparteien eingesetzt werden können. Hierunter fallen insbesondere Briefe, Kataloge, Telefonanrufe, Telekopien, E-Mails, sowie Rundfunk, Tele- und Mediendienste.

Die Vorschriften über Fernabsatzverträge erfahren in ihrer Anwendung **zahlreiche Ausnahmen**. Sie finden keine Anwendung auf Verträge z. B. über Fernunterricht (§ 1 Fernunterrichtsschutzgesetz), über Finanzgeschäfte, insbesondere Bankgeschäfte, Finanz- und Wertpapierdienstleistungen und Versicherungen sowie deren Vermittlung sowie über die Lieferung von Lebensmitteln, Getränken oder sonstigen Haushaltsgegenständen des täglichen Bedarfs, die am Wohnsitz, am Aufenthaltsort oder am Arbeitsplatz eines Verbrauchers von Unternehmern im Rahmen häufiger und regelmäßiger Fahrten geliefert werden und über die Erbringung von Dienstleistungen in den Bereichen Unterbringung, Beförderung, Lieferung von Speisen und Getränken sowie Freizeitgestaltung, wenn sich der Unternehmer bei Vertragsabschluss verpflichtet, die Dienstleistungen zu einem bestimmten Zeitpunkt oder innerhalb eines genau angegebenen Zeitraums zu erbringen.

Auch wenn der abgeschlossene Vertrag von den Vorschriften über Fernabsatzverträge erfasst wird, besteht **kein Widerrufsrecht** des Verbrauchers, bei Verträgen zur Lieferung von Waren, die nach Kundenspezifikation angefertigt werden oder eindeutig auf die persönlichen Bedürfnisse zugeschnitten sind oder die aufgrund ihrer Beschaffenheit nicht für eine Rücksendung geeignet sind oder schnell verderben können oder deren Verfalldatum überschritten würde.

Dem Verbraucher steht bei einem Fernabsatzvertrag ein Widerrufsrecht nach § 355 BGB zu. Anstelle des Widerrufsrechts kann dem Verbraucher bei Verträgen über die Lieferung von Waren ein Rückgaberecht nach § 356 BGB eingeräumt werden. Wichtig: Der Verbraucher benötigt für den Widerruf bzw. die Rückgabe keinen Grund.

Beispiele für Fernabsatzverträge:
1. Ein Verbraucher (Kunde) bestellt aus dem Katalog des *Otto-Versands* ein Tourenfahrrad. Der Kunde verwendet dazu den beiliegenden Bestellschein und schickt ihn per Post an das Versandhaus. Die Auftragsbestätigung wird dem Kunden über dem Postweg zugestellt.
2. Herr Berger ist Kunde der *Nordbank AG* und Inhaber eines Online-Wertpapierdepots. Über das Internet erteilt er der *Nordbank AG* einen Kaufauftrag über 100 Aktien der *Energie AG*. Die Auftragsbestätigung erhält er über das Internet.

Beispiele für Verträge, die keine Fernabsatzverträge sind:
1. Ein Kunde bucht für seinen Sommerurlaub im Juni über das Internet eine Reise in die Karibik. Die Buchungsbestätigung erhält der Kunde per E-Mail.
2. Ein Student bestellt anlässlich eines Fußballspiels per Telefon beim Pizza-Service eine Pizza. Die Pizza wird an seine Wohnadresse geliefert.
3. Eine Studentin meldet sich per E-Mail bei einem Fern-Sprachinstitut zu einem Spanisch-Sprachkurs an. Das Institut sendet ihr schriftlich die Auftragsbestätigung, der die Allgemeinen Geschäftsbedingungen beigefügt sind.
4. Ein Student erhält einen Werbebrief der *Allianz Versicherung AG* über den Abschluss einer Rechtschutzversicherung. Der Student sendet den ausgefüllten Antrag per Post zurück. Die Versicherung schließt den Vertrag ab und sendet dem Studenten den Versicherungsschein per Post zu.

10. Allgemeine Geschäftsbedingungen

Allgemeines	Die Vorschriften zur inhaltlichen Ausgestaltung der Allgemeinen Geschäftsbedingungen sind im Bürgerlichen Gesetzbuch (BGB) geregelt. Im heutigen Wirtschaftsleben spielen vorformulierte Vertragsbedingungen eine besondere Rolle, die eine Vertragspartei (Verwender) der anderen Vertragspartei beim Abschluss eines Vertrages stellt, ohne dass über den Inhalt dieser Bedingungen zwischen den Vertragsparteien verhandelt worden ist. Der Grund für die Verwendung solcher AGB besteht darin, dass die Vorschriften des BGB über die einzelnen Vertragstypen die Interessen der Vertragsschließenden nur recht allgemein berücksichtigen können und dass häufig Sonderregeln im Hinblick auf die speziellen Interessen der Vertragspartner erforderlich sind. Die AGB enthalten diese Sonderregeln und werden formuliert, damit nicht jedes Mal bei gleichen Verträgen umfangreiche und komplizierte Regelungen gesucht und ausgehandelt werden müssen. Neben diesem Rationalisierungseffekt kann der Aussteller und Verwender von AGB eigene Interessen durch für ihn vorteilhafte Bestimmungen besonders schützen. Hierin liegt aber dann auch die Gefahr, dass AGB einseitig zum Vorteil des Verwenders formuliert sind und der andere Vertragspartner nicht in der Lage ist, ihre Änderung durchzusetzen, etwa wenn eine ganze Branche Leistungen nur nach gleichen AGB anbietet oder wenn es sich um ein marktbeherrschendes Unternehmen handelt. Die Rechtsprechung hat versucht, dieser Gefahr des Missbrauchs von AGB dadurch entgegenzuwirken, dass sie unangemessene Regelungen für nichtig erklärte und die Einbeziehung der AGB in den Einzelvertrag von bestimmten Voraussetzungen abhängig machte. Die Bestimmungen der Allgemeinen Geschäftsbedingungen können durch einzelvertragliche Abreden ersetzt werden.
Einbeziehung der AGB in den einzelnen Vertrag	Nach § 305 Abs. 2 BGB werden die AGB nur dann Bestandteil eines Vertrages, wenn der Verwender bei Vertragsschluss die andere Vertragspartei ausdrücklich oder durch deutlich sichtbaren Aushang am Ort des Vertragsschlusses auf die AGB hingewiesen und dem anderen Vertragspartner die Möglichkeit verschafft hat, in zumutbarer Weise von ihrem Inhalt Kenntnis zu nehmen, wobei auch eine für den Verwender erkennbare körperliche Behinderung, z. B. eine Sehschwäche, angemessen berücksichtigt werden muss. Außerdem muss die andere Vertragspartei mit der Geltung der AGB einverstanden sein. § 305 Abs. 2 BGB schafft also gegenüber der nach dem BGB geltenden Regelung zusätzliche Voraussetzungen. So genügt es z. B. nicht, dass sich der andere Vertragspartner mit der Geltung der ihm unbekannten AGB einverstanden erklärt, wenn er nicht in zumutbarer Weise Kenntnis nehmen konnte. § 305 Abs. 2 BGB gilt nach § 310 Abs. 1 Satz 1 BGB nicht, wenn die AGB gegenüber einem Unternehmer verwendet werden. Auch ohne Einhaltung der in § 305 Abs. 2 Nr. 1 und 2 BGB bezeichneten Erfordernisse werden AGB in den im § 305 a BGB genannten Fällen Vertragsbestandteil, wenn der Vertragspartner des Verwenders mit ihrer Geltung einverstanden ist.

AGB als Vertragsbestandteil	In § 305 Abs. 2 und 3 BGB wird geregelt, wie AGB Bestandteil des einzelnen Vertrages werden können.
Überraschungsklauseln	§ 305 c Abs. 1 BGB verbietet sog. überraschende Klauseln, d. h. Bestimmungen, die so ungewöhnlich sind, dass der Vertragspartner des Verwenders mit ihnen nicht zu rechnen braucht. Beispiel: In einen Kaufvertrag werden AGB einbezogen, die den Käufer verpflichten, den wartungsbedürftigen Kaufgegenstand nur von dem Verkäufer entgeltlich warten zu lassen.
Unklarheitenregelung	Bedeutsam ist auch die Unklarheitenregel des § 305 c Abs. 2 BGB, wonach Zweifel bei der Auslegung von AGB zu Lasten des Verwenders gehen. Sind AGB ganz oder teilweise entgegen den Erwartungen der Parteien nicht Vertragsbestandteil geworden, so bleibt der Vertrag im Übrigen wirksam, wenn nicht ein Festhalten an dem Vertrag eine unzumutbare Härte für eine Vertragspartei darstellen würde. In den §§ 307 bis 309 BGB werden die Voraussetzungen genannt, die zur Unwirksamkeit von AGB führen.
Schutz des Verbrauchers gegen unangemessene Benachteiligung	In § 307 Abs. 2 AGBG wird näher beschrieben, wann eine unangemessene Benachteiligung angenommen werden muss. § 310 Abs. 3 Nr. 3 BGB ordnet an, dass bei Verträgen zwischen einem Unternehmer und einem Verbraucher die Beurteilung der unangemessenen Benachteiligung unter Einschluss der den Vertragsschluss begleitenden Umstände vorzunehmen ist. Als solche Umstände, die für oder gegen eine unangemessene Benachteiligung sprechen können, sind z. B. die geschäftliche Erfahrenheit oder Unerfahrenheit des Verbrauchers, die Ausnutzung einer Überrumplungssituation durch den Unternehmer u. Ä. anzusehen.

11. Vergleich öffentliches und privates Recht

Öffentliches Recht	Privatrecht
Das öffentliche Recht ist Teil der Rechtsordnung. Das öffentliche Recht regelt das Verhältnis des Bürgers zum Staat sowie das Verhältnis der Staats- und Verwaltungsorgane untereinander. Zum öffentlichen Recht gehören insbesondere: • das Staatsrecht (Verfassung, Grundgesetz, Staatsorganisationsrecht) • das Verwaltungsrecht • das Strafrecht • das Prozessrecht (Zivilprozessrecht, Strafprozessrecht, Verwaltungsprozessrecht) Während das Privatrecht von einer übereinstimmenden Vereinbarung der Beteiligten ausgeht, legt im öffentlichen Recht der Staat als Träger der Hoheitsgewalt dem Bürger einseitig Rechte und Pflichten auf. Wesen	Das Privatrecht regelt Rechtsverhältnisse zwischen Bürgern bzw. juristischen Personen (Vereinigungen, die keine natürlichen Personen sind, aber dennoch wie der Bürger als rechtsfähig gelten, z. B. e.V., eG., GmbH, AG) auf der Ebene der Gleichordnung (Koordination), d. h. beide Parteien werden durch das Gesetz auf eine Ebene gestellt. Das bedeutet, dass Käufer und Verkäufer z. B. die gleichen rechtlichen Möglichkeiten haben, ihr Verhältnis zu gestalten. Beim Privatrecht gibt der Gesetzgeber den Rahmen vor, innerhalb dessen beide Verhandlungspartner sich auf eine individuelle Lösung einigen können. Es teilt sich auf in Bürgerliches Recht, Handelsrecht und Urheberrecht. • Das zentrale Rechtsgebiet bildet das **Bür-**

Öffentliches Recht	Privatrecht
des öffentlichen Rechts ist damit, dass die darin geregelten Normen auf einem Überordnungsverhältnis des Staates gegenüber dem Bürger beruht. Nicht jeder Handlung des Staates muss öffentliches Recht zugrunde liegen. Soweit der Staat gleichberechtigt neben dem Bürger tätig wird, ist sein Handeln dem Privatrecht zuzuordnen (fiskalisches Handeln).	gerliche Gesetzbuch (BGB). Dort sind grundsätzliche Angelegenheiten bestimmt wie Eigentum, Heirat, Erbschaft, Vertrag, Kauf, Miete oder Schenkung. Alle privaten Lebensbereiche in der Beziehung Bürger zu Bürger und Bürger zur Sache sind im BGB erfasst. • Das **Handelsgesetzbuch (HGB)** ist das Regelwerk fürs Handelsrecht, in dem die Rechtsbeziehungen der Kaufleute untereinander, vor allem aber der Handelsstand, Handelsverkehr und Handelsgesellschaften geregelt werden. Das HGB ist auf die Erfordernisse des Handels ausgelegt, wobei auch das BGB für den Kaufmann gültig ist. Folgende Bereiche werden vom HGB behandelt: • Handelsregister, Firma, Handelsbücher, Hilfspersonen des Kaufmanns, Prokura, Handlungsvollmacht, Handlungsgehilfe, Auszubildender, Handelsvertreter, Handelsmakler, Kommissionär, Lagerhalter, Spediteur, Frachtführer, Wirtschaftsstrafrecht • Gesellschaftsrecht der Handelsgesellschaften, Offene Handelsgesellschaft (OHG, geregelt im HGB), Kommanditgesellschaft (KG, geregelt im HGB), Stille Gesellschaft (HGB), Aktiengesellschaft (AG, geregelt im AktG), Gesellschaft mit beschränkter Haftung (GmbH, geregelt im GmbHG), Genossenschaften (eG, geregelt im Gesetz betreffend die Erwerbs- und Wirtschaftsgenossenschaften) • Das **Urheberrecht** ist das Recht unkörperlicher Güter oder Recht des geistigen Eigentums, da auch Gebrauchsmuster, Warenzeichen, gewerbliche Muster und Patente geschützt sind. Durch ihn werden beispielsweise literarische Werke geschützt. Dem Urheber stehen das alleinige Einwirkungs- und Verwertungsrecht an seinem Werk zu, d. h. jede Vervielfältigung, Bearbeitung und Verbreitung bedürfen seiner besonderen Genehmigung. Wird das Urheberrecht verletzt, so besteht Schadenser-

Öffentliches Recht	Privatrecht
	satzpflicht. Stirbt der Urheber, endet 70 Jahre danach der Urheberrechtsschutz. Das Urheberrecht kann auf andere übertragen, veräußert (verkauft), belastet und vererbt werden. Nach dem Prinzip der Gleichordnung sind die Beziehungen der Bürger untereinander vom so genannten Privatrecht geregelt. Dabei macht es keinen Unterschied, ob Frau Müller im Schreibwarenladen einen Kalender kauft, oder Bürgermeister Schmidt für die Rathausbehörden Papier. Beides Mal handelt es sich um einen Kaufvertrag. Sollte die Ware mangelhaft sein oder nicht geliefert werden, dann kann beides Mal eine Verhandlung vor einem Zivilgericht stattfinden.

B Rechtsformen

1. Kaufmannseigenschaften

Formkaufmann	Der Formkaufmann ist Kaufmann kraft Rechtsform gemäß § 6 Handelsgesetzbuch (HGB). Handelsgesellschaften nennt man deshalb Formkaufleute, weil sie – unabhängig davon, ob sie ein Handelsgewerbe betreiben oder nicht – kraft Gesetzes aufgrund ihrer Rechtsform Kaufleute sind. Dies gilt grundsätzlich für alle Handelsgesellschaften, egal ob es sich um Kapitalgesellschaften wie z. B. AG, GmbH, KGaA, VVaG oder eG (= juristische Personen) oder um Personengesellschaften wie z. B. OHG und KG handelt. Kaufmann kraft Rechtsform sind nach § 6 HGB alle Handelsgesellschaften, die nicht bereits kraft Grundhandelsgewerbe oder Eintragung ins Handelsregister zu Kaufleuten geworden sind. Sie werden somit Vollkaufleute durch die gewählte Rechtsform (AG, KGaA, KG, OHG, GmbH, Genossenschaft).
Istkaufmann	Ein Istkaufmann ist jeder, der ein Handelsgewerbe betreibt (§ 1 Abs. 1 HGB). Handelsgewerbe ist hierbei jeder Gewerbebetrieb, es sei denn, dass das Unternehmen nach Art oder Umfang einen in kaufmännischer Weise eingerichteten Geschäftsbetrieb nicht erfordert (§ 1 Abs. 2 HGB). Der Unternehmer eines solchen Betriebs ist somit automatisch und unmittelbar aus dem Gesetz Kaufmann. Er muss sich in das Handelsregister eintragen lassen und gilt dann als eingetragener Kaufmann, wobei dieser Eintrag nur deklaratorischer Natur ist. Ob die Größe des Unternehmens einen kaufmännisch eingerichteten Geschäftsbetrieb erfordert, hängt von verschiedenen Kriterien ab, die allerdings nicht starr festgelegt sind. Darunter fallen etwa Art und Umfang des Gewerbes oder die Komplexität der Geschäftsvorgänge. Kaufmann ist, wer ein Handelsgewerbe betreibt, das nach Art und Umfang eine kaufmännische Organisation erfordert. Es handelt sich dann um ein solches Gewerbe, wenn folgende Merkmale nach außen erkennbar sind: • gewinnorientiert, • auf Dauer angelegt und • selbstständig. Ein in kaufmännischer Weise eingerichteter Geschäftsbetrieb ist dann zu vermuten, wenn das Unternehmen doppelte Buchführung verwendet, Angestellte hat, Filialen hat, eine gewisse Umsatzhöhe erreicht, Bilanzen erstellt und in Abteilungen gegliedert ist. Ein Handelsgewerbe ist also jedes Gewerbe, welches im Rahmen eines in kaufmännischer Weise eingerichteten Geschäftsbetriebes ausgeübt wird.

Kannkaufmann	Die Kaufmannseigenschaft (Kaufmann) erfolgt erst durch Eintragung ins Handelsregister. Dazu zählen Kleinbetriebe und Betriebe der Land- und Forstwirtschaft (§§ 2, 3 HGB). Der Kannkaufmann ist nach § 3 HGB der Unternehmer eines land- oder forstwirtschaftlichen Betriebes, der dieses Unternehmen oder ein dazu gehörendes Nebengewerbe (z. B. Brennerei, Brauerei, Molkerei, Sägewerk) ins Handelsregister freiwillig eintragen lässt. Eine Verpflichtung besteht nicht, Voraussetzung zur Eintragung ist jedoch ein nach Art und Umfang in kaufmännischer Weise eingerichteter Geschäftsbetrieb.

2. Gesellschaft bürgerlichen Rechts (GbR)

Rechtsgrundlagen	Die GbR wird in den §§ 705 bis 740 BGB geregelt. Sie ist der organisatorische Grundtyp aller Personengesellschaften.
Wesen	Bei der GbR handelt es sich um einen vertraglichen Zusammenschluss von Personen zur Erreichung eines gemeinsamen beliebigen Zwecks, wobei alle Gesellschafter für Verbindlichkeiten der Gesellschaft persönlich haften.
Gesellschaftsvertrag	Der Gesellschaftsvertrag ist die Grundlage für die Entstehung einer GbR. Es ist ein Rechtsgeschäft, das grundsätzlich formfrei getätigt werden kann. Der Gesellschaftsvertrag ist ein gegenseitiger Vertrag zur Erreichung eines gemeinsamen Zwecks. Der Zweck kann ein dauernder oder ein vorüber gehender Zweck sein. Der gemeinsame Zweck und der Gesellschaftsvertrag sind Grundvoraussetzungen für die Entstehung der Gesellschaft. Die Leistungen von Beiträgen der Gesellschafter kann die Zahlung einer bestimmten Geldsumme, die Leistung von Diensten oder die Beteiligung an der Gesellschaft sein.
Eintragung	Die GbR wird nicht ins Handelsregister eingetragen.
Haftung	Jeder Gesellschafter haftet im Innenverhältnis für die Verpflichtungen wie in eigenen Angelegenheiten. Für die Schulden der Gesellschaft haften das Gesellschaftsvermögen und das Privatvermögen der einzelnen Gesellschafter. Wenn im Gesellschaftsvertrag nichts anderes vereinbart ist, haften die Gesellschafter als Gesamtschuldner. Nach § 421 BGB kann ein Gläubiger der GbR seine Forderung nach Belieben vollständig von jedem einzelnen Gesellschafter verlangen.
Geschäftsführung und Vertretung	Die Gesellschafter sind nach § 709 BGB gemeinschaftlich zur Geschäftsführung befugt. Diese Befugnis kann durch Gesellschaftsvertrag abgeändert werden. Nach § 714 BGB ist die Gesellschaft von allen Gesellschaftern gemeinschaftlich zu vertreten, es sei denn, dass der Gesellschaftsvertrag etwas anderes vorsieht, z. B. wenn einem Gesellschafter nach dem Gesellschaftsvertrag die Befugnis zur Geschäftsführung zusteht, ist er ermächtigt, die anderen Gesellschafter Dritten gegenüber zu vertreten.

B Rechtsformen

Gesamthänderisches Gesellschaftsvermögen	• Das Gesellschaftsvermögen der GbR wird in § 718 BGB geregelt. Danach ist das Gesellschaftsvermögen, zu dem auch das Eigentum an beweglichen Sachen gehört, gemeinschaftliches Eigentum der Gesellschaft (Gesamthandseigentum). • Die gesamthänderische Bindung der Gesellschafter bedeutet, dass ein Gesellschafter über seinen Anteil am Vermögen der Gesellschaft nicht allein verfügen darf. Eine Verfügung kann nur von allen Gesellschaftern gemeinsam vorgenommen werden.
Gewinnverteilung	Soweit nichts anderes vereinbart wurde, wird der Gewinn grundsätzlich nicht im Verhältnis der Beiträge sondern gleichmäßig verteilt.
Auflösung	Die GbR wird aufgelöst, • wenn der Gesellschaftszweck erreicht wurde, • ein Gesellschafter stirbt oder • die Gesellschaft oder ein Gesellschafter insolvent wird.

3. Partnerschaft

Allgemeines	Die Partnerschaft ist nach § 1 Partnerschaftsgesellschaftsgesetz (PartGG) eine Gesellschaft, in der sich Angehörige Freier Berufe zur Ausübung ihrer Berufe zusammenschließen. Sie übt kein Handelsgewerbe aus. Angehörige einer Partnerschaft können nur natürliche Personen sein. Bloße Kapitalbeteiligung ist nicht zulässig.
Gesetzliche Grundlagen	Es gilt das Partnerschaftsgesellschaftsgesetz (PartGG). Soweit dort nichts anderes bestimmt ist, finden die Vorschriften des Bürgerlichen Gesetzbuches (§§ 705-740) und des Handelsgesetzbuchs (§§ 105-160) über die Gesellschaft Anwendung.
Partnerschaftsvertrag	Der Partnerschaftsvertrag bedarf gemäß § 3 Abs. 1 PartGG der Schriftform. Er muss enthalten: • den Namen und den Sitz der Partnerschaft, • den Namen und Vornamen der Partner sowie • den in der Partnerschaft ausgeübten Beruf, • den Wohnort jedes Partners und • den Gegenstand der Partnerschaft.
Mindestkapital und Registereintragung	Eine bestimmte Mindestkapitaleinlage ist gesetzlich nicht vorgeschrieben. Die Gesellschafter der Partnerschaft müssen die Partnerschaft im Partnerschaftsregister eintragen lassen.
Geschäftsführung	Zur Führung der Geschäfte sind grundsätzlich alle Partner berechtigt und verpflichtet, es sei denn, im Partnerschaftsvertrag ist etwas anderes vereinbart. Einzelne Partner können im Partnerschaftsvertrag nur von der Führung der sonstigen Geschäfte ausgeschlossen werden. Im Übrigen richtet sich das Rechtsverhältnis der Partner untereinander nach dem Partnerschaftsvertrag.
Gewinnverwendung	Die Aufteilung von Gewinn und Verlust auf die Partner ist gewöhnlich im Partnerschaftsvertrag geregelt.

Rechnungslegung	Nach BGB hat der Rechnungsabschluss bei einer Gesellschaft und die Gewinnverteilung im Zweifel am Schluss jedes Geschäftsjahrs zu erfolgen. Diese Rechnungslegungspflicht ist auch im steuerlichen Interesse zu befolgen. Partnerschaften können als Gewinn den Überschuss der Betriebseinnahmen über die Betriebsausgaben ansetzen.
Rechte der Partnerschaft	Eine Partnerschaft kann unter ihrem Namen Rechte erwerben und Verbindlichkeiten eingehen; sie kann Eigentum und andere dingliche Rechte an Grundstücken erwerben und vor Gericht klagen und verklagt werden.
Haftung	Die Partner einer Partnerschaft haften - im Unterschied zu einer bloßen Bürogemeinschaft - für die Verbindlichkeiten der Partnerschaft den Gläubigern als Gesamtschuldner persönlich. Waren nur einzelne Partner mit der Bearbeitung eines Auftrags befasst, so haften - im Unterschied z. B. zu einer Sozietät - nur sie für berufliche Fehler. Scheidet ein Partner aus, haftet er für die bis dahin begründeten Verbindlichkeiten weiter. Für Verbindlichkeiten, die nicht mit der Ausführung eines Auftrages in Verbindung stehen (beispielsweise die Bestellung von Büromaterial) haften demnach die Partner wie in einer GbR immer als Gesamtschuldner.
Liquidation und Auflösung	Eine Partnerschaft wird aufgelöst • wenn sie für eine bestimmte Zeit eingegangen worden ist, durch Zeitablauf, • wenn die Partner ihre Auflösung beschließen, • wenn das Insolvenzverfahren über das Vermögen der Partnerschaft eröffnet wird, durch gerichtliche Entscheidung. Ein Partner scheidet aus der Partnerschaft aus, • durch Tod des Partners – der Partnerschaftsvertrag kann jedoch bestimmen, dass die Partnerschaft an Dritte vererblich ist, die Partner sein können, • durch Eröffnung des Insolvenzverfahrens über sein Vermögen, • durch Kündigung des Partners, • durch Kündigung durch einen Privatgläubiger des Partners, • durch Beschluss der Partnerversammlung, • durch Eintritt der im Partnerschaftsvertrag vereinbarten Ausscheidungsgründe.

4. Personengesellschaften

Die Organisation der Personengesellschaften beruht auf einem schuldrechtlichen Vertrag, der individuelle Beziehungen zwischen den einzelnen beteiligten Gesellschaftern zur Erreichung des Gesellschaftszwecks begründet.

Für die Personengesellschaften, z. B. BGB-Gesellschaft und offene Handelsgesellschaft sowie die Kommanditgesellschaft gelten folgende Grundsätze:

- Personengesellschaften haben keine eigene Rechtspersönlichkeit. Träger von Rechten und Pflichten sind die einzelnen Gesellschafter.
- Grundsätzlich sind Personengesellschaften vom Bestand ihrer ursprünglichen Gesellschafter abhängig, d. h. nach der gesetzlichen Regelung wird die Gesellschaft aufgelöst durch

Tod oder Kündigung eines Gesellschafters, sofern der Gesellschaftsvertrag nicht etwas anderes bestimmt.
- **Geschäftsführung und Vertretung** der Personengesellschaften werden regelmäßig von den Gesellschaftern persönlich vorgenommen, entweder von allen gemeinsam oder von den vertraglich davon bestimmten Gesellschaftern.
- Für Verbindlichkeiten der Personengesellschaft haften die Gesellschafter als **Gesamtschuldner**, wobei grundsätzlich jeder Gesellschafter mit seinem ganzen persönlichen Vermögen haftet.
- Die Personengesellschaft tritt im Rechtsverkehr unter dem Namen der Gesellschafter auf. Handelt es sich um eine Handelsgesellschaft, so führt sie eine Firma (vgl. § 19 Handelsgesetzbuch).

Offene Handelsgesellschaft

Gesetzliche Grundlage	Die OHG ist eine Handelsgesellschaft des Handelsgesetzbuches (vgl. §§ 105 bis 160 HGB). Sie ist eine Gesamthandsgemeinschaft.
Gesellschaftsvertrag	Für die Entstehung einer OHG ist ein Gesellschaftsvertrag erforderlich. Der Gesellschaftsvertrag regelt die Rechtsverhältnisse der Gesellschafter untereinander und lässt die OHG im Innenverhältnis entstehen. Im Außenverhältnis entsteht sie mit Eintragung in das Handelsregister oder schon vorher durch Aufnahme des Geschäftsbetriebs. Die Unterteilung der Wirksamkeit der OHG im Innen- und Außenverhältnis ist bedeutsam im Hinblick auf den Verkehrsschutz: Erst wenn die Gesellschaft nach außen wirksam geworden ist, gilt das OHG-Recht im Hinblick auf Vertretung und Haftung in vollem Umfang.
Gesellschaftszweck	Die OHG kann nach § 105 HGB nur auf den Zweck des Betriebs eines Handelsgewerbes unter einer gemeinsamen Firma gerichtet sein. Nichtkaufleute, z. B. Architekten können grundsätzlich nur eine BGB-Gesellschaft oder eine Partnerschaftsgesellschaft bilden. Nach § 105 HGB können folgende Gesellschaften offene Handelsgesellschaften sein: • Eine Gesellschaft, die ein Handelsgewerbe betreibt, d. h. ein Unternehmen, das nach Art und Umfang einen kaufmännischen Geschäftsbetrieb erfordert. • Eine Gesellschaft, die nur Kleingewerbe betreibt (ein Betrieb, der nach Art und Umfang keinen kaufmännischen Geschäftsbetrieb erfordert), wird mit der Eintragung zur OHG. • Auch eine Gesellschaft, die nur eigenes Vermögen verwaltet und somit kein Gewerbe betreibt, wird mit der Eintragung zur OHG. Die Eintragungsmöglichkeiten für eine Gesellschaft, die nur eigenes Vermögen verwaltet, gibt Grundstücksgesellschaften (z. B. Ehegatten-Miteigentümer-Gesellschaften) die Möglichkeit, als OHG oder KG ins Handelsregister eingetragen zu werden.

Geschäftsführungs-befugnis	Bei den Personenhandelsgesellschaften hat die Geschäftsführungsbefugnis grundsätzlich keine Auswirkung auf die Vertretungsmacht. Damit wird dem im Handelsverkehr gesteigerten Interesse des Verkehrsschutzes Rechnung getragen: Außenstehende Dritte sind damit nicht von internen, für sie nicht erkennbaren Abmachungen der Gesellschafter untereinander abhängig. Gemäß § 125 Abs. 1 HGB gilt grundsätzlich das Prinzip der Einzelvertretung: Jeder einzelne unbeschränkt haftende Gesellschafter kann Willenserklärungen mit Wirkung für und gegen die OHG bzw. KG abgeben. Abweichungen bedürfen der Eintragung in das Handelsregister.
Rechtsbeziehungen im Innenverhältnis	Im Innenverhältnis ergeben sich folgende Rechte und Pflichten der Gesellschafter: • **Ersatz für Aufwendungen und Verluste:** Jeder Gesellschafter kann von der Gesellschaft seine persönlichen, erforderlichen Leistungen, die er gegenüber Gesellschaftsgläubigern erbracht hat, zurückfordern. Gegenüber Mitgesellschaftern besteht ein gesamtschuldnerischer Ausgleichsanspruch. • **Beitragspflicht:** Jeder Gesellschafter einer OHG muss die im Gesellschaftsvertrag vereinbarten Beitragsleistungen erbringen, um den gemeinsamen Zweck zu fördern. Nach § 111 HGB gibt es eine Verzinsungspflicht für Geldeinlagen. • **Wettbewerbsverbot:** Kein Gesellschafter darf ohne Einwilligung der anderen Gesellschafter in dem Handelszweig der Gesellschaft Geschäfte machen oder als persönlich haftender Gesellschafter an einer anderen gleichartigen Handelsgesellschaft teilnehmen. • **Geschäftsführung:** Soweit im Gesellschaftsvertrag nichts anderes bestimmt ist, sind alle Gesellschafter geschäftsführungsbefugt und -verpflichtet. Der Umfang der Geschäftsführungsbefugnis erstreckt sich auf alle Handlungen, die der gewöhnliche Betrieb des Handelsgewerbes mit sich bringt. Einem Gesellschafter kann die Geschäftsführungsbefugnis entzogen werden. • **Mitverwaltungsrechte:** Alle Gesellschafter haben Mitverwaltungsrechte, auch die, die von der Geschäftsführungsbefugnis ausgeschlossen sind. Im Einzelnen sind dies Informations- und Kontrollrechte, das Stimmrecht bei der Beschlussfassung, bei der der Grundsatz der Einstimmigkeit von Gesellschafterbeschlüssen gilt, sowie das Recht auf Gewinn- und Verlustbeteiligung und das Entnahmerecht.

Rechtsbeziehungen im Innenverhältnis	• **Gesamthänderisches Gesellschaftsvermögen:** Das Gesellschaftsvermögen ist bei der OHG Gesamthandsvermögen, das bedeutet, dass das Vermögen mehreren gemeinsam derart zusteht, dass ein einzelner über seinen Anteil an dem Vermögen und auch an den einzelnen dazugehörigen Gegenständen nicht frei verfügen kann. Über das Vermögen als Ganzes sowie über Teile des Vermögens können nur alle berechtigten Personen gemeinsam verfügen, z. B. Gesellschafter von Personengesellschaften. Bei einer Zwangsvollstreckung in das Gesellschaftsvermögen muss sich ein vollstreckbarer Titel gegen die Gesellschaft richten und nicht gegen einen Gesellschafter. Das Gesellschaftsvermögen der OHG ist insolvenzfähig.
Rechtsbeziehungen im Außenverhältnis	Die OHG wird nach außen wirksam, wenn sie entweder ins Handelsregister eingetragen ist oder ihre Geschäfte schon vor der Eintragung begonnen hat. Zu den Geschäften, die vor der Eintragung aufgenommen wurden, können z. B. gehören: Das Anmieten von Geschäftsräumen, der Kauf von Einrichtungsgegenständen, die Aufnahme eines Kredits usw. Die OHG führt als Namen eine Personenfirma oder Sachfirma, der den Rechtsformzusatz „offene Handelsgesellschaft" oder „OHG" enthalten muss. Die OHG ist eine gemeinschaftliche Firma. Nach § 124 Abs. 1 HGB wird der OHG eine rechtliche Selbstständigkeit verliehen, die der einer juristischen Person ähnelt. Deshalb nennt man die OHG auch eine quasijuristische Person. Dadurch dass die OHG unter ihrer Firma Rechte erwerben und Verbindlichkeiten eingehen kann, Eigentum und andere dingliche Rechte an Grundstücken erwerben sowie vor Gericht klagen und verklagt werden kann, erwirbt sie eine Teilrechtsfähigkeit.
Vertretung	Die Vertretungsmacht ist bei der OHG nicht an die Geschäftsführungsbefugnis geknüpft. Aufgrund der rechtlichen Selbstständigkeit der OHG wird die Gesellschaft durch die vertretungsberechtigten Gesellschafter vertreten. Jeder Gesellschafter ist einzelvertretungsermächtigt, sofern der Gesellschaftsvertrag nichts anderes bestimmt. Der Umfang der Vertretungsmacht kann nicht mit Wirkung gegen Dritte beschränkt werden. Eine Entziehung der Vertretungsmacht sowie der Geschäftsführungsbefugnis ist nur aus einem wichtigen Grund auf Antrag der übrigen Gesellschafter durch gerichtliche Entscheidung möglich.

Haftung der Gesellschafter und der Gesellschaft	Für die Verbindlichkeiten der OHG haften alle Gesellschafter den Gläubigern persönlich. Danach haben Gläubiger der OHG zwei Zugriffsmöglichkeiten: Zum einen auf das Gesellschaftsvermögen und zum anderen auf das Privatvermögen der persönlich haftenden Gesellschafter. Alle Gesellschafter (ausgeschiedene, aktive und eintretende) haften unmittelbar gesamtschuldnerisch und unbegrenzt mit ihrem privaten Vermögen. Im Innenverhältnis können zwischen den Gesellschaftern andere Haftungsregeln vereinbart werden. Diese interne Regelung ist allerdings gegenüber Dritten unwirksam. Die unbeschränkte Haftung der Gesellschafter kann durch Einwendungen eingeschränkt werden, z. B. die Einwendung der Verjährung, wenn eine Verbindlichkeit gegenüber der OHG bereits verjährt ist. Typische Einwendungen der Gesellschaft, auf die sich ein Gesellschafter auch berufen kann, sind die Anfechtung oder die Aufrechnung. Ein in eine bestehende OHG eintretender Gesellschafter haftet auch für die vor seinem Eintritt entstandenen Verbindlichkeiten der Gesellschaft.
Beendigung	Die OHG endet in zwei Phasen, der Auflösung der Gesellschaft und der Liquidation der Gesellschaft. Der Tod eines Gesellschafters sowie die Eröffnung des Insolvenzverfahrens über das Vermögen eines Gesellschafters begründen die Ausscheidung des jeweiligen Gesellschafters, nicht aber die Auflösung der OHG. Mit Eintritt eines Auflösungsgrundes wird die OHG zur Abwicklungsgesellschaft, für die das OHG-Recht weiter gilt. Erst der Abschluss des Liquidationsverfahrens führt zur endgültigen Beendigung der Gesellschaft.

Kommanditgesellschaft (KG)

Die KG ist eine handelsrechtliche Personengesellschaft, die sich von der OHG dadurch unterscheidet, dass bei einem Teil der Gesellschafter (Kommanditisten) die Haftung gegenüber den Gesellschaftsgläubigern auf ihre Einlage begrenzt ist. Im Übrigen müssen alle Voraussetzungen einer OHG erfüllt sein. Danach sind die gesetzlichen Vorschriften über die OHG auch auf die KG anzuwenden. Die persönlich haftenden Gesellschafter heißen bei der KG Komplementäre. Die Kommanditisten haften nur eingeschränkt und haben dementsprechend nur eingeschränkte Rechte, z. B. keine Geschäftsführungsbefugnis und keine Vertretungsmacht.

5. Kapitalgesellschaften

Die Kapitalgesellschaften beruhen auf der rechtsgeschäftlich vereinbarten Geltung einer Satzung. In dieser sind insbesondere die Willensbildung sowie die Geschäftsführungsbefugnis und Vertretungsmacht der Kapitalgesellschaften geregelt.

Für die Kapitalgesellschaften gelten folgende Gemeinsamkeiten:
- Bei den Kapitalgesellschaften ist die Haftung auf das Gesellschaftsvermögen beschränkt.
- Kapitalgesellschaften sind als juristische Personen fähig, Träger von Rechten und Pflichten zu sein.
- Kapitalgesellschaften sind vom Bestand ihrer Gesellschafter bzw. Mitglieder unabhängige Körperschaften. Durch freien Austritt und Übertragung der Mitgliedschaft ist ein Gesellschafterwechsel möglich.
- Geschäftsführung und Vertretung werden von zwei verselbstständigten Organen wahrgenommen, die nicht Mitglied der Gesellschaft sein müssen.
- Die Kapitalgesellschaft tritt im Rechtsverkehr zumeist unter einer Sachfirma auf, d. h. der Name der Gesellschaft bezieht sich regelmäßig auf den Gegenstand des Unternehmens.

Die Kapitalgesellschaften sind in Spezialgesetzen, z. B. GmbH-Gesetz, Aktiengesetz oder Genossenschaftsgesetz, geregelt.

Merkmale	Aktiengesellschaft (AG)	Gesellschaft mit beschränkter Haftung (GmbH)	Eingetragene Genossenschaft
Gesetzliche Grundlage	• Aktiengesetz • juristische Person des privaten Rechts • Formkaufmann	• GmbH-Gesetz • juristische Person des privaten Rechts • Formkaufmann	• Genossenschaftsgesetz • juristische Person des privaten Rechts • Formkaufmann
Organe	Vorstand, Aufsichtsrat, Hauptversammlung	Geschäftsführung, Aufsichtsrat, Gesellschafterversammlung	Vorstand, Aufsichtsrat, Generalversammlung
Eigentümer	Aktionäre sind mit ihrer Einlage am Kapital der AG beteiligt.	Gesellschafter	• Mitglieder besitzen Geschäftsanteile. • Geschäftsanteile sind Einlagen, bis zu deren Höhe sich ein Mitglied an der Genossenschaft beteiligen kann.
Eintragung ins Register	Eintragung ins Handelsregister (HR) Abteilung B	Eintragung ins Handelsregister (HR) Abteilung B	Eintragung ins Genossenschaftsregister

Merkmale	Aktiengesellschaft (AG)	Gesellschaft mit beschränkter Haftung (GmbH)	Eingetragene Genossenschaft
Gründungsvoraussetzungen	• Die AG hat eine Satzung, die notariell zu beurkunden ist. • Ausgabe von Nennbetragsaktien (mindestens 1 EUR) oder Stückaktien (kein Nennbetrag) • Keine Mindestanzahl von Gründern erforderlich, Einmann-AG möglich	• eine Person oder mehrere Personen • Die GmbH hat einen Gesellschaftervertrag, der notariell zu beurkunden ist.	• mindestens 3 Gründungsmitglieder • Die Genossenschaft hat eine Satzung, die notariell zu beurkunden ist.
Entstehung	• nach Gründung durch Eintragung der AG ins HR • damit Rechtsfähigkeit der AG	• nach Gründung durch Eintragung der GmbH ins HR • damit Rechtsfähigkeit der GmbH	• nach Gründung durch Eintragung der Genossenschaft ins Genossenschaftsregister • damit Rechtsfähigkeit der Genossenschaft
Rechtswirkung der HR-Eintragung	konstitutive Wirkung	konstitutive Wirkung	konstitutive Wirkung
Gesetzliche Vertretung	Vorstand gemeinsam oder Vorstandsmitglieder allein, wenn in Satzung und HR vermerkt.	Geschäftsführung gemeinsam oder Geschäftsführer allein, wenn im Gesellschaftsvertrag und im HR vermerkt.	Vorstand gemeinsam oder Vorstandsmitglieder allein, wenn in der Satzung und im Genossenschaftsregister vermerkt.
Rechtsgeschäftliche Vertreter	Prokuristen, Handlungsbevollmächtigte	Prokuristen, Handlungsbevollmächtigte	Prokuristen, Handlungsbevollmächtigte
Zweck	Gewinnerzielung	Gewinnerzielung	Förderung des Erwerbs oder der Wirtschaft ihrer Mitglieder oder deren soziale oder kulturelle Belange durch den gemeinsamen Geschäftsbetrieb

B Rechtsformen

Merkmale	Aktiengesellschaft (AG)	Gesellschaft mit beschränkter Haftung (GmbH)	Eingetragene Genossenschaft
Haftung	Beschränkung auf das Gesellschaftsvermögen	• Beschränkung auf das Geschäftsvermögen • Gesellschafter haften nur mit ihrer geleisteten Einlage.	• gesamtes Vermögen der Genossenschaft • wenn es die Satzung bestimmt, Nachschusspflicht der Mitglieder und damit persönliche Haftung der Mitglieder
Gewinnverwendung	Beschluss der Hauptversammlung	Beschluss der Gesellschafterversammlung	Beschluss der Genossenschaftsversammlung
Möglichkeiten der Kapitalerhöhung	• ordentliche Kapitalerhöhung • genehmigtes Kapital • bedingte Kapitalerhöhung • Kapitalerhöhung aus Gesellschaftsmitteln	Aufnahme neuer Gesellschafter	• Aufnahme neuer Mitglieder • Ausgabe neuer Geschäftsanteile
Rechtsgrundlage	Aktiengesetz	GmbH-Gesetz	Genossenschaftsgesetz
Mindestkapital	Kapitaleinlage: Gezeichnetes Kapital (Grundkapital) 50.000 EUR	Kapitaleinlage: Stammkapital 25.000 EUR	Regelung über Mindestkapital kann in der Satzung verankert werden.

6. Prokura

Erteilung der Prokura	• Erteilung vom Unternehmer, z. B. Kaufmann oder Geschäftsführer einer GmbH (persönlich und ausdrücklich, schriftlich oder mündlich) • Bei der GmbH erfolgt die Bestellung von Prokuristen und von Handlungsbevollmächtigten durch einen Gesellschafterbeschluss. • Rechtsgrundlage: §§ 48 und 49 HGB
Registereintragung	• Eintragung ins Handelsregister nach § 53 HGB • Die Eintragung hat deklaratorische Wirkung. • Die Erteilung der Prokura ist von dem Inhaber des Handelsgeschäfts zur Eintragung in das Handelsregister anzumelden.
Zeichnung	Nach § 51 HGB muss der Prokurist in der Weise zeichnen, dass er der Firma seinen Namen mit einem die Prokura andeutenden Zusatze beifügt.
Erlöschen der Prokura	Die Prokura erlischt durch • Widerruf nach § 52 Abs. 1 HGB, • Beendigung des Dienstvertrages durch Kündigung nach § 622 BGB, • Tod des Prokuristen oder • Auflösung der Unternehmung.
Arten der Prokura	• Einzelprokura • Gesamtprokura • Filialprokura
Handlungen, die der Prokurist nicht vornehmen kann:	• Erteilung und Entzug einer Prokura • Veräußerung und Belastung von Grundstücken • Anmeldungen von Eintragungen ins Handelsregister • Unterzeichnung der Bilanz und der Steuererklärungen • Aufnahme neuer Gesellschafter • Verkauf der Unternehmung • Antrag auf Eröffnung des Insolvenzverfahrens

B Rechtsformen

Beispiel einer Registereintragung:
Aktueller Handelsregisterauszug der Olaf Lange KG

Handelsregister A des Amtsgerichts Hamburg			Nummer der Firma: HRA 68389		Seite 1 von 1
Nummer der Eintragung	a) Firma b) Sitz, Niederlassung, Zweigniederlassungen c) Gegenstand des Unternehmens	a) Allgemeine Vertretungsregelung b) Inhaber, persönlich haftende Gesellschafter, Geschäftsführer, Vorstand, Vertretungsberechtigte und besondere Vertretungsbefugnis	Prokura	a) Rechtsform, Beginn und Satzung b) Sonstige Rechtsverhältnisse c) Kommanditisten, Mitglieder	a) Tag der Eintragung b) Bemerkungen
1	2	3	4	5	6
1	a) Olaf Lange KG b) Hamburg	a) Jeder persönlich haftende Gesellschafter vertritt einzeln. b) Persönlich haftender Gesellschafter: Römer, Petra, Norderstedt, *12.03.1960	Gesamtprokura: Krug, Melanie, Pinneberg, *21.09.1972 Rose, Manfred, Elmshorn, *05.08.1955	a) Kommanditgesellschaft 01.04.2002 c) Kommanditist: Klein, Paul, Hamburg, *17.06.1953 Einlage: 40.000,00 EUR	a) 10.04.2002

Beispiel einer Verfügung:
Melanie Krug beantragt für die *Olaf Lange KG* die Erhöhung des laufenden Betriebsmittelkredits, der mit einer Grundschuld auf das Firmengelände besichert werden soll. Frau Krug ist als Gesamtprokuristin zur Belastung des Grundstücks nur ermächtigt, sofern ihr die vollhaftende Gesellschafterin Frau Petra Römer diese Befugnis besonders erteilt hat.

Beispiel einer Haftungsbeschränkung:
Die finanzielle Situation der Gesellschafter der *Olaf Lange KG* stellt sich wie folgt dar:
- Kreditverpflichtung Olaf Lange KG bei der *Nordbank AG* 90.000,00 EUR
- Gesamtvermögen Petra Römer 50.000,00 EUR
- Gesamtvermögen Paul Klein 200.000,00 EUR
- Die *Nordbank AG* hat eine Forderung an die *Olaf Lange KG* von 90.000,00 EUR.
- Herr Klein hat von seiner Einlage in Höhe von 40.000,00 EUR nur 25.000,00 EUR eingezahlt.

Die *Nordbank AG* kann von Herrn Klein nach HGB den noch nicht eingezahlten Betrag der Einlage von insgesamt 40.000 EUR, also 15.000 EUR abfordern (persönliche Haftung).

Für die Verbindlichkeiten der *Olaf Lange KG* haftet außerdem die Komplementärin Frau Römer mit ihrem gesamten Vermögen.

7. Handlungsvollmacht

Aspekte	Inhalte
Erteilung	**Berechtigte:** • Inhaber eines Handelsgeschäfts oder gesetzlicher Vertreter • Prokurist **Art der Erteilung:** ausdrücklich oder stillschweigend (konkludent) nach § 167 BGB **Adressat:** natürliche, nicht juristische Person **Eintragung ins Handelsregister:** nicht eintragungsfähig, da gesetzlich nicht vorgesehen
Umfang	**Grundsatz:** • Der Umfang liegt im Ermessen des Vollmachtgebers. • Gesetzlicher Mindestinhalt gemäß §54 Abs. 1 HGB: Die Handlungsvollmacht erstreckt sich auf alle Geschäfte und Rechtshandlungen, die der Betrieb eines derartigen Handelsgewerbes oder die Vornahme derartiger Geschäfte gewöhnlich mit sich bringt. **Arten, Typen:** • General-Handlungsvollmacht: Sie umfasst alle zum Betrieb des Handelsgewerbes gehörenden Geschäfte, außer gesetzlichen Beschränkungen. • Art-Handlungsvollmacht: Sie umfasst nur eine bestimmte Art von Geschäften. • Spezial-Handlungsvollmacht: Sie umfasst einzelne spezielle Geschäfte. **Beschränkungen:** • Veräußerung und Belastung von Grundstücken, Wechselverbindlichkeiten, Darlehen und Prozessführung (§ 54 Abs. 2 HGB) • Rechtsgeschäftliche Beschränkungen, wenn sie Dritten bekannt sind (§ 54 Abs. 3 HGB). • Nach § 55 Abs. 2 und 3 HGB bevollmächtigt die Handlungsvollmacht nicht, abgeschlossene Verträge zu ändern und insbesondere Zahlungsfristen zu gewähren. Zur Annahme von Zahlungen sind Handlungsbevollmächtigte nur berechtigt, wenn sie dazu bevollmächtigt sind. **Sonderregelung für Außendienst:** Die Vollmacht kann nach § 55 Abs. 4 HGB erweitert werden: Sie gelten als ermächtigt, die Anzeige von Mängeln einer Ware, die Erklärung, dass eine Ware zur Verfügung gestellt werde, sowie ähnliche Erklärungen, durch die ein Dritter seine Rechte aus mangelhafter Leistung geltend macht oder sie vorbehält, entgegenzunehmen. Sie können die dem Unternehmer zustehenden Rechte auf Sicherung des Beweises geltend machen.
Erlöschen	• Widerruf: Nach §§ 167 und 168 BGB kann die Vollmacht vom Vollmachtgeber widerrufen werden. • Beendigung des zugrunde liegenden Arbeitsverhältnisses

Kartelle und Fusionen

1. Kartelle

Kennzeichnung	Ein Kartell ist der vertragliche Zusammenschluss von Unternehmen gleicher Produktions- oder Handelsstufe, die rechtlich selbstständig bleiben, ihre wirtschaftliche Selbstständigkeit jedoch ganz oder zum Teil aufgeben, um daraus einen Wettbewerbsvorteil zu erzielen. Die am Kartell beteiligten Unternehmen verpflichten sich in der Regel zu gemeinsamem wirtschaftlichen Handeln und zur Zahlung von Vertragsstrafen, sofern gegen Regelungen des Kartellvertrages verstoßen wird.
Aufgaben des Bundeskartellamts	Zu den Aufgaben des Bundeskartellamtes gehört neben Fusionskontrolle und Missbrauchsaufsicht über die marktbeherrschenden Unternehmen die Durchsetzung des Kartellverbots, das seit 1958 in § 1 des Gesetzes gegen Wettbewerbsbeschränkungen (GWB) verankert ist. Für grenzüberschreitende Kartelle ist das Kartellverbot im europäischen Kartellrecht geregelt. Bundeskartellamt und Landeskartellbehörden können grundsätzlich auch das europäische Kartellverbot anwenden.
Arten	Unterschieden werden z. B. **Preiskartelle, Gebietskartelle**, die Vereinbarungen über festgelegte Absatzgebiete treffen, **Quotenkartelle, Rabattkartelle, Rationalisierungskartelle** oder **Krisenkartelle**, die dauerhafte oder vorübergehende Absatzrückgänge und deren wirtschaftliche Schäden als Folge von Konjunktur- oder Strukturkrisen durch gemeinsames Vorgehen mildern wollen. Nach dem Gesetz gegen Wettbewerbsbeschränkungen (Kartellgesetz) sind Kartelle grundsätzlich verboten. Allerdings nennt das Gesetz verschiedene Ausnahmen. So können bestimmte Kartelle vom Bundeskartellamt genehmigt werden wie die Erlaubniskartelle. Bei den Widerspruchskartellen muss die Kartellbehörde der Anmeldung des Kartells widersprechen. Auch die legalisierten Kartelle unterliegen der Missbrauchsaufsicht. Wegen des Kartellverbots versuchen Unternehmen, durch abgestimmtes Verhalten (**Frühstückskartelle**) den Wettbewerb zu beschränken.
Ministererlaubnis nach § 42 GWB	Der Bundesminister für Wirtschaft erteilt auf Antrag die Erlaubnis zu einem vom Bundeskartellamt untersagten Zusammenschluss, wenn im Einzelfall die Wettbewerbsbeschränkung von gesamtwirtschaftlichen Vorteilen des Zusammenschlusses aufgewogen wird oder der Zusammenschluss durch ein überragendes Interesse der Allgemeinheit gerechtfertigt ist. Hierbei ist auch die Wettbewerbsfähigkeit der beteiligten Unternehmen auf Märkten außerhalb des Geltungsbereichs des GWB zu berücksichtigen. Die Erlaubnis darf nur erteilt werden, wenn durch das Ausmaß der Wettbewerbsbeschränkung die marktwirtschaftliche Ordnung nicht gefährdet wird.

Auferlegung von Bußgeldern	Das Hauptaugenmerk des Bundeskartellamtes bei der Kartellverfolgung richtet sich auf die sog. Hardcore-Kartelle - schwerwiegende Wettbewerbsbeschränkungen, zu denen in erster Linie Preisabsprachen, Quotenabsprachen und die Aufteilung von Märkten zwischen Wettbewerbern zählen. Sie behindern die wirtschaftliche Betätigungsfreiheit von Unternehmen und wirken sich für die Verbraucher grundsätzlich preistreibend aus; sie sind deshalb in hohem Maße wirtschafts- und sozialschädlich. Personen und Unternehmen, die an solchen gesetzlich verbotenen Kartellen mitwirken, werden vom Bundeskartellamt regelmäßig mit hohen Geldbußen belegt. Das Bußgeld gegen einzelne Personen kann bis zu 1 Mio. Euro betragen, gegen Unternehmen können darüber hinaus Geldbußen in einer Höhe von bis zu 10 % ihres letztjährigen Gesamtumsatzes festgesetzt werden.
Beispiel für ein zulässiges Kartell	Wettbewerbsbeschränkende Vereinbarungen sind nach dem Gesetz gegen Wettbewerbsbeschränkungen (GWB) verboten. Vom Kartellverbot grundsätzlich freigestellt sind Vereinbarungen von Unternehmen zur Förderung des technischen oder wirtschaftlichen Fortschritts, sofern die Verbraucher angemessen beteiligt werden und der Wettbewerb nicht ausgeschaltet wird.

2. Fusionen

Unternehmenszusammenschlüsse sind die Verschmelzung bisher selbstständiger Unternehmen zu einem rechtlich und wirtschaftlich einheitlichen Unternehmen. Dies kann durch Übernahme (ein Unternehmen übernimmt Vermögen und Schulden eines weiteren Unternehmens) oder Neubildung (Vermögen und Schulden der fusionierenden Unternehmen werden in ein neues Unternehmen eingebracht) geschehen. Da Fusionen zu wettbewerbspolitisch bedenklichen marktbeherrschenden Stellungen führen können, unterliegen alle Fusionen ab einer bestimmten Größe der Fusionskontrolle durch das Bundeskartellamt.

Ministererlaubnis
Nach § 42 des Gesetzes gegen Wettbewerbsbeschränkung (GwB) erteilt der Bundeswirtschaftsminister auf Antrag die Erlaubnis zu einem vom Bundeskartellamt untersagten Zusammenschluss, wenn im Einzelfall die Wettbewerbsbeschränkung von gesamtwirtschaftlichen Vorteilen des Zusammenschlusses aufgehoben wird oder der Zusammenschluss durch ein überragendes Interesse der Allgemeinheit gerechtfertigt ist.

Beispiel
Folgende Fusion wurde durch das Kartellamt genehmigt:

> … Das Medienunternehmen Berliner Presse AG erwirbt über ihre 100-prozentige Tochtergesellschaft, die Media Zeitschriften GmbH, sämtliche Anteile an dem Verlag Potsdamer Druck GmbH, der anschließend im Handelsregister gelöscht wird. Veräußerin ist die Verlagsgesellschaft new media mbH. …

3. Missbrauchsaufsicht

Kennzeichnung	Die Missbrauchsaufsicht über die marktbeherrschende Stellung von Unternehmen wird in § 19 des Gesetzes gegen Wettbewerbsbeschränkungen (GWB) geregelt. Danach ist die missbräuchliche Ausnutzung einer marktbeherrschenden Stellung durch ein oder mehrere Unternehmen verboten.
Unternehmen	Der Unternehmensbegriff ist sehr weit zu verstehen. Er umfasst grundsätzlich jede, eine wirtschaftliche Tätigkeit ausübende Einheit, unabhängig von ihrer Rechtsform und der Art ihrer Finanzierung.
Relevanter Markt	Die kartellrechtliche Missbrauchsaufsicht erfordert die „marktbeherrschende Stellung" eines Unternehmens. Eine marktbeherrschende Stellung gibt es nur auf einem zuvor individuell ermittelten „relevanten" Markt, auf dem das Unternehmen über eine besondere Position verfügt. Der relevante Markt des Unternehmens wird grundsätzlich in sachlicher und räumlicher Hinsicht bestimmt und abgegrenzt. Ein **einheitlicher sachlicher Markt** liegt vor, wenn die auf ihm angebotenen Produkte funktionell austauschbar sind. Funktionelle Austauschbarkeit wiederum ist dann anzunehmen, wenn aus Sicht der Marktgegenseite des Unternehmens (z. B. Verbraucher) zwischen den Produkten kein wesentlicher Unterschied besteht, so dass das Produkt ohne Umstände gegen das Produkt eines anderen Unternehmens ausgetauscht werden kann. Der **räumlich relevante Markt** bezeichnet das Gebiet, in dem sich die objektiven Wettbewerbsbedingungen für das betreffende Produkt für alle Unternehmen gleichen. Dabei sind insbesondere hohe Transportkosten, leichte Verderblichkeit, Sprachbarrieren sowie unterschiedliche Normungen und technische Spezifizierungen wichtige Kriterien.
Marktbeherrschende Stellung	Hat man den relevanten Markt ermittelt, muss in einem weiteren Schritt geprüft werden, ob das Unternehmen auf diesem Markt eine marktbeherrschende Stellung innehat. Eine marktbeherrschende Stellung liegt vor, wenn das Unternehmen über eine wirtschaftliche Machtstellung verfügt, die es auf dem relevanten Markt in die Lage versetzt, sich in nennenswertem Umfang unabhängig von seinen Wettbewerbern, seinen Abnehmern und/oder letztlich von den Verbrauchern zu verhalten. Zum Nachweis der marktbeherrschenden Stellung wird in der Praxis auf die Markt- und Unternehmensstruktur sowie auf das Marktverhalten des Unternehmens abgestellt. Wichtige Kriterien sind dabei insbesondere der Marktanteil des Unternehmens, die Marktzutrittsmöglichkeiten für andere Unternehmen sowie der Zugang zu Absatz- und Beschaffungsmärkten. Im deutschen Kartellrecht wird bei einem Marktanteil von einem Drittel die marktbeherrschende Stellung eines Unternehmens vermutet.

Missbräuchliche Ausnutzung	Von einer missbräuchlichen Ausnutzung spricht man, wenn das Unternehmen die Aufrechterhaltung des auf dem Markt noch bestehenden restlichen Wettbewerbs oder dessen Entwicklung durch die Verwendung von Mitteln verhindert, die regelmäßig von den Mitteln eines normalen Produkt- oder Dienstleistungswettbewerbs abweichen. Beim „Ausbeutungsmissbrauch" wird die Marktgegenseite (z. B. Verbraucher) durch das marktbeherrschende Unternehmen ausgebeutet, beim „Behinderungsmissbrauch" werden die Wettbewerbsmöglichkeiten der Wettbewerber des marktbeherrschenden Unternehmens behindert. Ein missbräuchliches Verhalten können insbesondere Kampfpreise, Ausschließlichkeitsvereinbarungen, Kundenbindungs- und Rabattsysteme, Geschäftsverweigerungen sowie die Versagung des Netzzuganges z. B. bei der Energieversorgung und der Telekommunikation darstellen.

D Steuern

1. Lohnsteuernachweis

Lohnsteuer-vorauszahlung	Die Höhe der zu zahlenden Einkommensteuer kann erst am Jahresende endgültig festgesetzt werden. Der Arbeitgeber behält die Lohnsteuer vom Arbeitslohn ein und zahlt sie an das Finanzamt. Diese Lohnsteuer ist eine Vorauszahlung auf die Einkommensteuerschuld des Arbeitnehmers. Damit der Arbeitnehmer nur eine angemessene Lohnsteuer zahlt, gibt es die elektronische Lohnsteuerkarte (Lohnsteuernachweis), auf der das Finanzamt persönliche und für den Lohnsteuerabzug benötigte Daten des Arbeitnehmers eingetragen hat: • Steuerklasse I bis VI • Geburtsdatum • Steuer-Identifikationsnummer • Religionszugehörigkeit • Kinderfreibetrag bei den Steuerklassen I bis IV • Pauschbetrag für Behinderte • Pauschbetrag für Hinterbliebene
Freibeträge und Pauschbeträge	Je nach Steuerklasse werden auch ohne Eintragung in die elektronische Lohnsteuerkarte beim Lohnsteuerabzug Frei- und Pauschbeträge automatisch berücksichtigt: • Grundfreibetrag 2021: 9.696,00 /19.392,00 EUR Ledige/Verheiratete • Vorsorgepauschale • Arbeitnehmer-Pauschbetrag 1.000,00 EUR • Sonderausgaben-Pauschbetrag 36,00 /72,00 EUR Ledige/Verheiratete • Entlastungsbetrag für Alleinerziehende (Steuerklasse II) 1.908,00 EUR Ferner kann sich der Steuerpflichtige vom Finanzamt einen Freibetrag auf der elektronischen Lohnsteuerkarte eintragen lassen, z. B. für hohe Werbungskosten oder einen Verlust aus der Vermietung einer Wohnung.

Zuständigkeiten bei Änderungen der elektronischen Lohnsteuerkarte	Die Finanzämter sind für die Änderung der Lohnsteuerabzugsmerkmale (zum Beispiel Steuerklassenwechsel, Eintragung von Kinderfreibeträgen und anderen Freibeträgen) zuständig. Die **Finanzämter** haben bei der **Änderung der Lohnsteuerabzugsmerkmale** folgende Zuständigkeiten:
	• Steuerklassenänderungen, z. B.:
	  o Eintragung der Steuerklasse 2 (zum Beispiel nach Geburt eines Kindes bei Alleinstehenden)
	  o Eintragung einer ungünstigeren Steuerklasse, zum Beispiel Steuerklasse 1 statt 3 oder 4
	  o Steuerklassenwechsel zwischen 3/5 und 4/4
	• Änderungen nach einer Trennung der Ehegatten beziehungsweise Änderungen nach Beendigung der Trennung
	• Eintragung von Kinderfreibeträgen

	• Änderungen nach Heirat (solange die ELStAM noch nicht durch den Arbeitgeber abgerufen worden ist) • Berichtigung unrichtiger Lohnsteuerabzugsmerkmale **Melderechtliche und standesamtliche Änderungen** Anschriftenänderungen und standesamtliche Veränderungen wie zum Beispiel Kirchenein- oder Kirchenaustritt, Eheschließung und Geburt, Adoption oder Tod werden nach wie vor von den Bürgerbüros der Städte und Gemeinden verwaltet. Von den Stadt- oder Gemeindeverwaltungen erfolgt eine direkte Datenweitergabe an die Finanzverwaltung zur Änderung der persönlichen Lohnsteuerabzugsmerkmale. Dabei wird im Falle der Eheschließung die Steuerklasse 4/4 unterstellt. Der zusätzliche Weg zum Finanzamt wird nur dann erforderlich, wenn eine andere Steuerklassenwahl (etwa von 4/4 auf 3/5) oder die Übertragung eines Kinderfreibetrages gewünscht ist.
Lohnsteuerklassenwechsel bis zum 30. November	Die Lohnsteuerklassen oder Klassenkombinationen können jederzeit gewechselt werden. Generell ist eine Änderung pro Jahr zulässig. Ausnahmen werden gemacht bei Geburt, Tod des Partners, Eheschließung, Arbeitslosigkeit und Beendigung der Arbeitslosigkeit. Hier sind häufigere Wechsel möglich.
ELStAM	Seit 2012 gibt es das elektronische Verfahren ElsterLohn II. Die Daten für den Lohnsteuerabzug heißen **E**lektronische **L**ohn**St**euer**A**bzugs**M**erkmale (ELStAM). Diese Lohnsteuerdaten werden in einer Datenbank der Finanzverwaltung dem Arbeitgeber zum elektronischen Abruf bereitgestellt.

2. Einkunftsarten

Es lassen sich sieben Einkunftsarten unterscheiden:
(1) Einkünfte aus Land- und Forstwirtschaft,
(2) Einkünfte aus Gewerbebetrieb,
(3) Einkünfte aus selbstständiger Arbeit,
(4) Einkünfte aus nichtselbstständiger Arbeit,
(5) Einkünfte aus Kapitalvermögen,
(6) Einkünfte aus Vermietung und Verpachtung,
(7) sonstige Einkünfte im § 22 EStG.

Damit überhaupt eine wirtschaftliche Tätigkeit in eine der Einkunftsarten eingeordnet wird und eine steuerliche Relevanz hervorruft, muss diese mit der Absicht betrieben werden, zumindest langfristig Überschüsse oder Gewinn zu erzielen. Dadurch erklärt sich auch, dass z. B. ein Lottogewinn nicht einkommensteuerpflichtig ist. Wohl sind aber die Zinsen, die aus der Geldanlage eines Lottogewinns in einer späteren Periode ausgezahlt werden, steuerpflichtig. Die Einkunftsarten 1 bis 3 werden als Gewinneinkunftsarten bezeichnet, weil die Ausgangsgröße für die Ermittlung der Einkünfte der Gewinn darstellt. Die Einkunftsarten 4 bis 7 sind die Überschusseinkunftsarten, da hier die Ausgangsgröße für die Einkunftsermittlung als Überschuss der Einnahmen über die Werbungskosten ermittelt wird.

D Steuern

Einkünfte aus nichtselbstständiger Arbeit
Zu den Einkünften aus nichtselbstständiger Arbeit gehören:
- Gehälter,
- Löhne,
- Gratifikationen,
- Tantiemen, aber auch andere
- Bezüge und Vorteile,

die ein Arbeitnehmer im Rahmen seines Beschäftigungsverhältnisses erhält. Hierzu gehören insbesondere Sachbezüge wie Mahlzeiten oder Waren. Auch das Urlaubsgeld, das Weihnachtsgeld sowie die vermögenswirksamen Leistungen zählen zu den Einkünften aus unselbstständiger Arbeit und sind lohnsteuerpflichtig. Eine nichtselbstständige Arbeit liegt vor, wenn der Steuerpflichtige in einem Beschäftigungsverhältnis (Arbeitsvertrag) steht und gegenüber seinem Arbeitgeber weisungsgebunden ist. Mit seinen Einkünften aus nichtselbstständiger Arbeit unterliegt der Arbeitnehmer der Lohnsteuer. Diese Steuer wird bereits vom Arbeitgeber einbehalten und direkt an das Finanzamt abgeführt. Erst im Rahmen der jährlichen Einkommensteuererklärung kann der Arbeitnehmer die bereits gezahlte Lohnsteuer zum Teil zurückerhalten, wenn er zum Beispiel Werbungskosten, Sonderausgaben sowie außergewöhnliche Belastungen nachweist oder er im Rahmen anderer Einkunftsarten Verluste erzielt hat.

3. Werbungskosten

Werbungskosten sind alle Aufwendungen zur Erwerbung, Sicherung und Erhaltung der Einnahmen, z. B. Aufwendungen eines Arbeitnehmers, die durch seinen Beruf veranlasst sind. Grundsätzlich müssen im Rahmen der Überschusseinkünfte die Werbungskosten einzeln nachgewiesen oder zumindest glaubhaft gemacht werden. Damit nicht wegen geringfügiger Beträge ein Nachweis geführt werden muss, regelt der § 9a EStG zur Vereinfachung des Besteuerungsverfahrens Werbungskosten-Pauschbeträge, zurzeit 1.000,00 EUR, die ohne jeglichen Kostennachweis berücksichtigt werden.

Wesentliche Arten von Werbungskosten

Entfernungspauschale
Viele Arbeitnehmer müssen täglich den Weg von zu Hause zur Arbeitsstätte zurücklegen. Für diesen Weg gewährt das Finanzamt eine verkehrsmittelunabhängige Entfernungspauschale von 0,30 EUR/Kilometer.
Als Werbungskosten absetzbar sind x Arbeitstage multipliziert mit x Entfernungskilometern multipliziert mit 0,30 EUR pro Kilometer

Beispiel:
230 Arbeitstage
Einfache Entfernung zum Arbeitsplatz: 16 km
230 x 16 x 0,30 EUR = **1.104 EUR** sind absetzbar.
Fährt der Steuerpflichtige mit öffentlichen Verkehrsmitteln zur Arbeit, kann er statt der Entfernungspauschale die höheren tatsächlichen Fahrtkosten ansetzen.

Arbeitskleidung
Abzugsfähig sind die tatsächlich nachgewiesenen Ausgaben für die Anschaffung typischer Berufskleidung, z. B. Arbeits- und Laborkittel bei Ingenieuren oder Arbeitskleidung bei Handwerkern.

Beiträge an Berufsverbände
Die Beiträge zu Berufsverbänden, z. B. Gewerkschaften, sind Werbungskosten. Zu den abzugsfähigen Kosten gehören z. B. die Pflichtbeiträge von Mitgliedern, freiwillige Beiträge und Aufnahmegelder sowie Zahlungen für konkrete Leistungen des Berufsverbandes, z. B. die Rechtsberatung.

Berufshaftpflicht
Die Versicherungsbeiträge zu einer Berufshaftpflichtversicherung sind in voller Höhe als Werbungskosten abzugsfähig.

4. Sonderausgaben

Bestimmte Ausgaben können bei der Einkommensteuer als Sonderausgaben vom Gesamtbetrag der Einkünfte abgezogen werden, wenn sie weder Betriebsausgaben noch Werbungskosten sind. Sonderausgaben sind entweder

- unbeschränkt (z. B. gezahlte Kirchensteuer) oder
- im Rahmen von gestaffelten Höchstbeträgen beschränkt (Vorsorgeaufwendungen als Versicherungsbeiträge mit Vorsorgecharakter) oder
- bis zu einem festen Höchstbetrag (z. B. Aufwendungen für die eigene Berufsausbildung, Aufwendungen für die zusätzliche Altersvorsorge)

abziehbar.

Die Sonderausgaben unterteilen sich in zwei Bereiche:

Vorsorgeaufwendungen
Als Vorsorgeaufwendungen abzugsfähig sind Beiträge zu bestimmten Versicherungen.
- Diese werden unterteilt in Altersvorsorgeaufwendungen. Dazu gehören in erster Linie die Beiträge zur gesetzlichen Rentenversicherung oder zu einer privaten Rürup-Rente.
- Sonstige Vorsorgeaufwendungen sind Beiträge zur Basis-Kranken- und Pflegepflichtversicherung sowie Beiträge zur Haftpflicht-, Unfall- und bestimmten Lebensversicherungen.
- Altersvorsorgeaufwendungen und viele sonstige Vorsorgeaufwendungen sind nur begrenzt abziehbar.
- Die Einzahlungen in einen Riester-Vertrag sind steuerlich gesehen keine Vorsorgeaufwendungen und deshalb zusätzlich zu den Vorsorgeaufwendungen als Sonderausgaben abzugsfähig, soweit dies günstiger ist als die staatlichen Zulagen (2.100,00 EUR maximal jährlich als Sonderausgaben).

Andere Sonderausgaben
Hierzu zählen Unterhaltsleistungen an den geschiedenen Ehepartner (Realsplitting), gezahlte Kirchensteuern, Kosten für die Berufsausbildung, Spenden und Mitgliedsbeiträge, Kinderbetreuungskosten, Schulgeld an Privatschulen, negative Einkünfte (Verluste).

Pauschbetrag
Werden keine höheren unbeschränkt abziehbaren Sonderausgaben nachgewiesen, so wird für diese ein Pauschbetrag von 36 EUR/72 EUR (Alleinstehende/Verheiratete) abgezogen (Sonderausgaben-Pauschbetrag).

Spenden
Spenden sind steuerlich absetzbar, wenn sie
- freiwillig und ohne Gegenleistung
- für steuerbegünstigte Zwecke

- an steuerbegünstigte Organisationen geleistet und

mit einer Zuwendungsbestätigung nachgewiesen werden.

Spenden sind nur begrenzt als Sonderausgaben absetzbar.

Neben dem normalen Spendenabzug werden steuerlich bevorzugt Spenden an Stiftungen und Spenden an politische Parteien und Wählervereinigungen.

Normaler Spendenabzug: Spenden und Mitgliedsbeiträge sind bis zu 20 % des Gesamtbetrags der Einkünfte als Sonderausgaben abzugsfähig.

Spenden an Parteien: Die Spenden und Mitgliedsbeiträge an politische Parteien werden bis zu 1.650 EUR bei Alleinstehenden und 3.300 EUR bei Verheirateten zur Hälfte direkt von der Steuerschuld abgezogen. Die Steuerersparnis beträgt also bis zu 825 EUR/1.650 EUR. Zuwendungen über 1.650 EUR/3.300 EUR hinaus sind bis zu weiteren 1.650 EUR/3.300 EUR als Sonderausgaben abzugsfähig. Somit sind Zuwendungen an politische Parteien insgesamt bis zu einer Höhe von 3.300 EUR/6.600 EUR steuerbegünstigt.

5. Außergewöhnliche Belastungen

Normalerweise bleiben private Ausgaben steuerlich unberücksichtigt. Besondere Situationen können aber zu außergewöhnlichen Belastungen führen, die steuermindernd berücksichtigt werden können. Der Gesetzgeber unterscheidet außergewöhnliche Belastungen besonderer Art, die ausdrücklich im Einkommensteuergesetz definiert sind. Außergewöhnliche Belastungen allgemeiner Art sind einzeln nachzuweisen und nicht im Einkommensteuergesetz genannt.

Gesetzliche definierte Fälle

1. Außergewöhnliche Belastungen besonderer Art sind der Höhe nach beschränkt durch Pausch- oder Höchstbeträge.
- Mit dem Behinderten-Pauschbetrag vom maximal 3.700 EUR sind typische behinderungsbedingte Kosten abgegolten.
- Der Pflege-Pauschbetrag steht einem Steuerpflichtigen zu, wenn er einen hilflosen Angehörigen zumindest teilweise persönlich und unentgeltlich pflegt.
- Mit dem Unterhaltshöchstbetrag überträgt der Staat den Grundfreibetrag eines Unterhaltsberechtigten bedürftigen Angehörigen ganz oder teilweise auf den Steuerzahler, wenn der Steuerzahler für den normalen Lebensbedarf des Angehörigen aufkommen muss.

2. Außergewöhnliche Belastungen allgemeiner Art liegen nur vor, wenn die Ausgaben
- außergewöhnlich sind,
- zwangsläufig entstehen,
- notwendig und angemessen sind sowie
- eine finanzielle Belastung für den Steuerzahler darstellen.

So kann ein unabwendbares Ereignis, z. B. Krankheit, Katastrophenschaden am eigenen Haus oder dem Hausrat als außergewöhnliche Belastung steuerlich geltend gemacht werden. Das Finanzamt erkennt nur Ausgaben an, die notwendig und angemessen sind. So sind Unterhaltszahlungen nur notwendig, wenn der Unterstützte bedürftig ist. Von der Summe der geltend gemachten außergewöhnlichen Belastungen allgemeiner Art zieht das Finanzamt automatisch die sog. zumutbare Belastung ab, die der Steuerzahler selbst zu tragen hat.

6. Steuerklassen

Allgemeines	Für die Durchführung des Lohnsteuerabzugs werden unbeschränkt einkommensteuerpflichtige Arbeitnehmer Lohnsteuerklassen zugewiesen. Ehepartner können zwischen einzelnen Lohnsteuerklassen wählen.
Lohnsteuerklasse I	In die Steuerklasse I gehören Arbeitnehmer, die ledig, verheiratet, verwitwet oder geschieden sind und bei denen die Voraussetzungen für die Steuerklasse III oder IV nicht erfüllt sind.
Lohnsteuerklasse II	Hierzu gehören die Arbeitnehmer, die ledig, verheiratet, verwitwet oder geschieden sind, wenn bei ihnen der Haushaltsfreibetrag zu berücksichtigen ist.
Lohnsteuerklasse III	In diese Steuerklasse gehören Arbeitnehmer • die verheiratet sind, wenn beide Ehegatten unbeschränkt einkommensteuerpflichtig sind und nicht dauernd getrennt leben und der Ehegatte des Arbeitnehmers keinen Arbeitslohn bezieht oder der Ehegatte des Arbeitnehmers auf Antrag beider Ehegatten in die Steuerklasse V eingereiht wird, • die verwitwet sind, wenn sie und ihr verstorbener Ehegatte im Zeitpunkt seines Todes unbeschränkt einkommensteuerpflichtig waren und in diesem Zeitpunkt nicht dauernd getrennt gelebt haben. Dies gilt für das Kalenderjahr, in dem der Ehegatte verstorben ist.
Lohnsteuerklasse IV	In die Steuerklasse IV gehören Arbeitnehmer, die verheiratet sind, wenn beide Ehegatten unbeschränkt einkommensteuerpflichtig sind und nicht dauernd getrennt leben und der Ehegatte ebenfalls Arbeitslohn bezieht. Durch das optionale Faktorverfahren kann auf Antrag beider Ehegatten ein genauerer Steuerabzug erfolgen, wenn die Einkommen beider Ehegatten unterschiedlich hoch sind.
Lohnsteuerklasse V	Diese ist einzutragen, wenn beide Ehepartner berufstätig sind und einer von beiden die Steuerklasse III gewählt hat.
Lohnsteuerklasse VI	Diese gilt bei Arbeitnehmern, die nebeneinander von mehreren Arbeitgebern Arbeitslohn beziehen.
Steuerklassenwechsel	Bis zum 30.11. eines Jahres können Ehegatten einmal im Jahr bei dem Finanzamt einen Steuerklassenwechsel vornehmen lassen.
Gnadensplitting	Das Gnadensplitting (§ 32a EStG), auch Witwensplitting genannt, ist eine besondere Ausprägung der Einzelveranlagung. Verwitwete Steuerpflichtige werden in dem Jahr, das auf das Jahr folgt, in dem der Ehegatte verstorben ist, nach der Splittingtabelle veranlagt. In dem Jahr, in dem der Ehegatte verstorben ist, sind die Voraussetzungen des Ehegattensplittings ohnehin erfüllt. Das Gnadensplitting bewirkt, dass auch im Jahr nach dem der Ehegatte verstorben ist, der niedrigere Steuertarif der Zusammenveranlagung zur Anwendung kommt.

7. Steuerarten – Finanzausgleich

Verteilung der Steuern auf die Gebietskörperschaften

Steuern sind Zwangsabgaben, die vom Staat ohne direkte Gegenleistung vom Steuerpflichtigen erhoben werden.

Der **vertikale Finanzausgleich** ist im Grundgesetz Artikel 106 geregelt:
Verbrauchsteuern stehen dem Bund zu. Das Aufkommen der Einkommensteuer, der Körperschaftsteuer und der Umsatzsteuer steht dem Bund und den Ländern gemeinsam zu (Gemeinschaftssteuern), soweit das Aufkommen der Einkommensteuer nicht den Gemeinden zugewiesen wird. Das Aufkommen der Grundsteuer und Gewerbesteuer steht den Gemeinden, das Aufkommen der örtlichen Verbrauch- und Aufwandsteuern steht ebenfalls den Gemeinden zu. Den Gemeinden ist das Recht einzuräumen, die Hebesätze der Grund- und Gewerbesteuer im Rahmen der Gesetze festzusetzen. Bund und Länder können durch eine Umlage an dem Aufkommen der Gewerbesteuer beteiligt werden.

Gewinn- und Einkommensteuer	Besteuerung des Besitzes	Verbrauchsbesteuerung	Verkehrsteuer
Körperschaftsteuer	Gewerbesteuer	Biersteuer	Grunderwerbsteuer
Einkommensteuer	Grundsteuer	Mineralölsteuer	
	Hundesteuer	Tabaksteuer	

E Marketing

1. Marketingmaßnahmen

Produktpolitik	Sie befasst sich mit einer Auswahl der am Markt anzubietenden Bankleistungen. Das Sortiment ist die Gesamtheit aller Produkte.
Preis- und Konditionenpolitik	Sie befasst sich mit allen vertraglichen Vereinbarungen über die Kosten des Bankleistungsangebots.
Distributionspolitik	Dabei geht es darum, Bankleistungen am richtigen Ort und zur rechten Zeit anzubieten.
Kommunikationspolitik	Ziel ist es, die Öffentlichkeit über Bankleistungen so zu informieren, dass im Bewusstsein der Bevölkerung ein positives Bild von der Leistungsfähigkeit des jeweiligen Kreditinstituts geschaffen wird.

2. Marktforschung

Unter Marktforschung wird verstanden:

- die systematische Sammlung, Aufarbeitung, Analyse und Interpretation von Daten über Märkte und Marktbeeinflussungsmöglichkeiten zum Zweck der Informationsgewinnung für Marketing-Entscheidungen oder
- der komplette Prozess der Lösung marktbezogener betriebswirtschaftlicher Probleme durch Analyse von Informationen über den entsprechenden Markt, seine relevanten Teilnehmer und ihre Einstellungen oder
- ein kontinuierlicher und systematischer Prozess, der das Marktgeschehen sowie das Unternehmensumfeld beobachtet, um Informationen zu gewinnen und zu analysieren. Dies erfolgt zum Zwecke der Findung oder Absicherung von Marketing-Entscheidungen.

Marktanalyse

Die Marktanalyse ist Teilgebiet des Marketings. Sie wird auch als Marktforschung und Marktinformationsbeschaffung bezeichnet. Die Marktanalyse ist der grundlegende Baustein eines Marketingkonzeptes, aus dem anschließend strategische und operative Ziele und Maßnahmen abgeleitet werden.

Die Marktanalyse ist im Gegensatz zur Marktbeobachtung nur eine punktuelle Darstellung der Marktsituation. Hierbei werden nur die Daten erhoben, die gerade aktuell sind und so für Entscheidungen herangezogen werden können. Die Marktbeobachtung liefert umfassendere Informationen, da sie einen Zeitraum betrachtet.

Beispiel einer Marktanalyse:

Die *Nordbank AG* will im März 2020 in Kiel durch eine Marktanalyse die Konkurrenzsituation bei der Finanzierung von Bauvorhaben unter den ortsansässigen Kreditinstituten ermitteln.

Die Marktanalyse liefert der *Nordbank AG* Informationen über die prozentualen Marktanteile der einzelnen konkurrierenden Kreditinstitute bei Kreditvergaben zu einem bestimmten Zeitpunkt (März 2020).

Marktbeobachtung

Sie ist Teil der Marktforschung: Die Marktentwicklung bzw. die Stellung einzelner Unternehmungen und Wirtschaftsgruppen auf den Beschaffungs- und Absatzmärkten wird beobachtet sowie ihre konjunkturellen Entwicklungsmöglichkeiten durch Auswertung der verschiedenen Statistiken, z. B. der Branchenstatistik, abgeschätzt. Wichtige Instrumente der Marktbeobachtung sind auch die verschiedenen Untersuchungen der Marktforschungsinstitute.

Die Marktbeobachtung arbeitet langfristiger als die Marktanalyse. Ziel ist es, aktuelle und umfangreiche Informationen über den betreffenden Markt zu erhalten.

3. Marketingbegriffe

Cross-Selling	Cross-Selling bedeutet „über Kreuz verkaufen". Es ist die Ausschöpfung vorhandener Kundenbeziehungen für weitere Produktkäufe oder für die Nutzung von weiteren Dienstleistungen eines Unternehmens durch zusätzliche Angebote. Im Sinne der Vertriebseffizienz ist eine hohe Cross-Selling-Quote anzustreben, d. h. es soll eine hohe Produkt- bzw. Vertragszahl pro Kunde beim jeweiligen Anbieter erreicht werden. Erfolgreiche Cross-Selling-Aktivitäten können helfen, nicht kostendeckende Preise im Mengengeschäft der Banken zu kompensieren. Erfolgreiche Cross-Selling-Aktivitäten erhöhen die Kundenbindung an das eigene Kreditinstitut.
Demoskopie	Die Meinungsforschung (Demoskopie) dient der Ermittlung von Meinungen, das heißt von Einsichten, Einstellungen, Stimmungen oder Wünschen der Bevölkerung. Für die Meinungsforschung werden durch Befragungen auf der Basis eines repräsentativen Querschnitts der zu untersuchenden Grundgesamtheit Primärdaten gesammelt und anschließend interpretiert. Die Befragung kann entweder persönlich, telefonisch, schriftlich oder durch einen Online-Fragebogen erfolgen.
Marketing-Mix	Es ist die Kombination der vier Marketing-Aktionsinstrumente Preis-, Distributions-, Kommunikations- und Produktpolitik, um Präferenzen zugunsten des jeweiligen Angebotes bzw. Anbieters zu schaffen. Zum Teil wird auch die Marktforschung als Informationsinstrument zum Marketing-Mix gezählt.
Marktanteil	Darunter versteht man den absoluten Anteil der Absatzleistung eines Kreditinstituts am Marktvolumen.
Marktdurchdringung	Marktdurchdringung oder Penetration bezeichnet den Grad der Verbreitung und Bekanntheit innerhalb eines Marktes oder einer Verbrauchergruppe. Die Verbreitung kann sich sowohl auf Informationen (Werbung) als auch auf Produkte beziehen. Die Marktdurchdringung wird vor allem durch die Ansprache von Käufergruppen, die Wahl der Vertriebswege und das Marketing-Mix gesteigert.
Marktpotenzial	Unter Marktpotenzial versteht man die Gesamtheit der möglichen Absatzmenge, z. B. einer Bankdienstleistung auf einem bestimmten Markt.
Marktvolumen	Man versteht darunter die realisierte Menge (Absatz) bzw. Umsatz einer Produktgruppe oder Branche auf einem definierten Markt in der betrachteten Planperiode. I. d. R. ist das Marktvolumen nur ein Teil des Marktpotenzials. Marktvolumen ist notwendig zur Berechnung des Marktanteils.

Primärfor-schung	Gewinnung neuer, originärer Daten (field research) Informationsbeschaffung • durch schriftliche und telefonische Anfragen bei Herstellern, • durch Messebesuche, • durch Lieferantenbefragung, • durch Einkaufsreisen
Sekundär-forschung	Erschließung bereits vorhandener Daten (desk research) Informationsbeschaffung • durch Statistiken aller Art, • durch Geschäftsberichte, • durch Fachzeitschriften, • durch Internet
Vertriebsarten	Es lassen sich verschiedene Vertriebswege unterscheiden: • Stationärer Vertrieb, z. B. Bankdienstleistungen, die in den Filialen angeboten werden • Mobiler Vertrieb, z. B. Verkauf von Produkten und Dienstleistungen durch Außendienstmitarbeiter • Medialer Vertrieb, z. B. Verkauf von Bankprodukten im Internet • Technischer Vertrieb, z. B. das Verkaufen von erklärungsbedürftigen Produkten und Dienstleistungen durch Techniker und Ingenieure

F Wirtschaftsordnungen

Modelltypen	• Freie Marktwirtschaft • Soziale Marktwirtschaft • Zentralverwaltungswirtschaft
Freie Marktwirtschaft	Die freie Marktwirtschaft gewährt jedem Einzelnen volle Selbstverantwortung und wirtschaftliche Entscheidungs- und Handlungsfreiheit. Der Staat hat lediglich die Aufgabe, Schutz, Sicherheit und Eigentum der Bürger zu gewährleisten, ein Zahlungsmittel bereitzustellen sowie das Rechtssystem zu erhalten (»Nachtwächterstaat«). Der Staat enthält sich ansonsten der wirtschaftlichen Einflussnahme und überlässt die Steuerung der Wirtschaft allein dem Markt, d. h. dem Gesetz von Angebot und Nachfrage. Kennzeichen der freien Marktwirtschaft sind z. B. Privateigentum an den Produktionsmitteln, freier Wettbewerb, freie Preisbildung, Gewerbefreiheit und Konsumfreiheit. In der Praxis gibt es die reine Form der freien Marktwirtschaft nicht. Durch die Wirtschaftsprozesse selbst stellen sich bestimmte Gleichgewichte ein. Im Modell der freien Marktwirtschaft ist die Freiheit des Einzelnen oberster Grundsatz. Die Ansprüche der Gesellschaft treten demgegenüber in den Hintergrund. Damit der Einzelne sich im Wirtschaftsleben weitgehend uneingeschränkt entfalten kann, muss eine Reihe von Voraussetzungen erfüllt sein. **a) Vertragsfreiheit** Sie beinhaltet das Recht des Einzelnen, seine Beziehungen zu anderen durch freie Vereinbarungen zu ordnen. Hierbei sind die Wirtschaftssubjekte keinerlei staatlichen Beschränkungen unterworfen. Sie können Verträge beliebiger Art und jedweden Inhalts abschließen (Vertragseingehungs- und -gestaltungsfreiheit). Die Gefahr einer so weitgehenden Vertragsfreiheit besteht darin, dass sie der wirtschaftlich Stärkere zum Nachteil des sozial Schwächeren missbrauchen kann, beispielsweise beim Abschluss von Arbeitsverträgen. **b) Freie wirtschaftliche Betätigung** Die Arbeitnehmer sind frei in der Wahl ihres Berufes und in der Wahl ihres Arbeitsplatzes. Die Unternehmer haben umfassende Freiheitsrechte, so u. a. das Recht, • ohne staatliche Beschränkungen einen Gewerbebetrieb gründen zu können (Gewerbefreiheit),

	- sich an jedem beliebigen Standort niederlassen zu können (Niederlassungsfreiheit),
- in jedem beliebigen Umfang Kapital gewinnbringend im Wirtschaftsprozess einzusetzen (Investitionsfreiheit),
- in jedem beliebigen Markt wirtschaftlich tätig zu werden (freier Zugang zu den Märkten),
- nach Belieben Waren zu importieren oder zu exportieren (Freihandel).

Die Konsumenten können frei über ihr Einkommen verfügen. Sie entscheiden darüber, was, wie viel und wo sie kaufen wollen (Konsumfreiheit) und wie viel von ihrem Einkommen gespart werden soll.

c) Privateigentum an den Produktionsmitteln
Privateigentum ist die Grundlage des Erwerbsstrebens in der Marktwirtschaft. Die Möglichkeit, Gewinne zu erzielen und Eigentum zu bilden, ist der stärkste Leistungsanreiz in der Marktwirtschaft. Ohne die uneingeschränkte Verfügungsgewalt über die Produktionsmittel können die Unternehmer nicht selbstständig (autonom) planen. Sie werden dann auch nicht bereit sein, das Risiko im Wirtschaftsprozess zu übernehmen, so dass wichtige Investitionen unterbleiben. |
| **Soziale Marktwirtschaft** | In der Bundesrepublik Deutschland wird das Konzept der sozialen Marktwirtschaft praktiziert. Es geht zurück auf Ludwig Erhard. Die zentrale Idee besteht darin, die Freiheit aller, die als Anbieter oder Nachfrager am Markt teilnehmen, zu schützen und gleichzeitig für sozialen Ausgleich zu sorgen.

Märkte sorgen in der Sozialen Marktwirtschaft über den Preismechanismus für den Ausgleich von Angebot und Nachfrage: Sind besonders begehrte Güter knapp, steigt deren Preis. Das drängt Nachfrage zurück und bietet zugleich Gewinnmöglichkeiten für zusätzliche Anbieter. Anbieter werden versuchen, die Produktion so kostengünstig wie möglich zu gestalten. So kommt es zu einer effizienten Verwendung der Produktionsmittel und zu günstigen Preisen für die Verbraucher. Dafür ist wichtig, dass Wettbewerb mit offenem Marktzugang herrscht und Marktmacht verhindert wird. Der Marktmechanismus erhöht dann die Konsummöglichkeiten, motiviert die Anbieter zu Innovationen und technischem Fortschritt und verteilt Einkommen und Gewinn nach individueller Leistung. Es ist eine wichtige Aufgabe des Staates, den Rahmen für einen funktionierenden Wettbewerb zu schaffen. Gleichzeitig muss er die Bereitschaft und die Fähigkeit der Menschen zu eigenverantwortlichem Handeln und mehr Selbstständigkeit fördern.

Der zweite Grundsatz der Sozialen Marktwirtschaft neben dem freien Markt ist der soziale Ausgleich. Dieser soll die Freiheit des Marktes möglichst nicht einschränken, aber eine soziale Absiche- |

F Wirtschaftsordnungen

	rung für diejenigen bereit stellen, die aufgrund von Alter, Krankheit oder Arbeitslosigkeit keine Markteinkommen erzielen können. In der Sozialen Marktwirtschaft gilt es dabei, die richtige Balance zu finden. Soziale Leistungen und das Handeln des Staates müssen durch Steuern und Abgaben finanziert werden. Diese belasten aber diejenigen, die mit ihren Einkommen den Wohlstand erzeugen. Ziel ist also eine solide soziale Absicherung, bei gleichzeitig größtmöglichem Wohlstand. Die Soziale Marktwirtschaft wurde nie namentlich als Wirtschaftssystem Deutschlands im Grundgesetz verankert, weil das Grundgesetz keinen eigenen Abschnitt zur Wirtschaft enthält. Allerdings legen zentrale Elemente unserer Rechtsordnung, wie u. a. die Grundrechte, die Vertrags- und Koalitionsfreiheit oder das Recht auf eine freie Berufs- und Arbeitsplatzwahl die Grundlage für die Soziale Marktwirtschaft und schließen die Extreme einer reinen Zentralverwaltungswirtschaft oder einer schrankenlosen Marktwirtschaft aus.
Zentralverwaltungswirtschaft	Die Zentralverwaltungswirtschaft ist eine Wirtschaftsordnung, in der wesentliche Entscheidungen von einer Zentralverwaltung (Staat) getroffen werden. Das System basiert auf dem Grundgedanken der Gleichheit aller Menschen und ist in der kommunistischen Idee verankert. Typische Betriebsform der Zentralverwaltungswirtschaft ist die Genossenschaft. **Organisation und Funktionsweise** In der Zentralverwaltungswirtschaft entsteht ein Gesamtplan über Produktion und Konsum. Zentrale Organe legen fest, was die Unternehmen herstellen und die Konsumenten somit später verbrauchen. Damit dies funktioniert, muss die Planbehörde auf die Produktionsmittel zugreifen können, sie sind deshalb Staatseigentum. Die zentrale Planung kann auch nur funktionieren, wenn der Staat umfassende Kompetenzen besitzt, um Produktion wie Konsum zu steuern. Daraus folgt, dass staatliche Organe in sämtliche gesellschaftliche Bereiche eingreifen. Praktisch heißt das im Gegensatz zur Marktwirtschaft, wo das Prinzip von Angebot und Nachfrage herrscht (wenn z. B. zehntausend Menschen Autos kaufen wollen, dann werden diese von den Firmen hergestellt), dass in der Zentralverwaltungswirtschaft alles von einer obersten Stelle aus geplant und bestimmt wird (es wird festgelegt, dass tausend Autos hergestellt werden, die Nachfrage spielt keine Rolle). Sämtliche Güter und Dienstleistungen, auch die Preise und Löhne werden von einer Zentrale in einem Gesamtplan festgelegt. Dieser Plan, der viele Einzelpläne enthält, gilt dann für einen bestimmten Zeitraum. In der Zentralverwaltungswirtschaft ist die zentrale Lenkung des gesamten Wirtschaftsgeschehens das ordnungsbestimmende

Merkmal. Da die grundlegenden Entscheidungen über die Güterproduktion, den Einsatz der Produktionsfaktoren und über die Güterverteilung durch die Zentralverwaltung getroffen werden, sind die Entscheidungsmöglichkeiten der wirtschaftenden Subjekte umso beschränkter, je stärker die Zentralverwaltung Entscheidungen an sich zieht. So können die Produzenten keine Entscheidung darüber treffen, ob, was und wie viel sie produzieren bzw. ex- und importieren. Weitere Merkmale der Zentralverwaltungswirtschaft sind die Aufhebung des Privateigentums an Produktionsmitteln, die staatlich festgelegten Preise für Güter und Dienstleistungen, Löhne sowie Zinsen, die zentrale Verteilung der Produkte (die Verbraucher können nicht entscheiden, was und wie viel sie verbrauchen) und die enge Verknüpfung von Politik und Wirtschaft.

Auswirkungen
- Es wird behauptet, dass die Zentralverwaltungswirtschaft Vollbeschäftigung und Krisenfestigkeit gewährleisten könne.
- Außerdem könne die Zentralverwaltung eine optimale Verteilung von Menschen und Ressourcen in gewünschte Produktionsbereiche vornehmen.
- Nachteilig seien die Freiheitsbeschränkung der Wirtschaftssubjekte und die mangelnde Transparenz, Flexibilität und Effektivität der Zentralverwaltung sowie mangelnde Anreize zu eigenverantwortlichem Handeln der Menschen.
- Die Zentralverwaltungswirtschaft könne nur sehr langsam auf wirtschaftliche Veränderungen und die Bedürfnisse der Bevölkerung reagieren. Auch im Handel mit anderen Staaten reagiere die Zentralverwaltungswirtschaft sehr viel langsamer auf Aufträge.

 # Ökonomisches Prinzip

Das ökonomische Prinzip (Wirtschaftlichkeitsprinzip) gliedert sich in zwei Bereiche:

- Das Minimumprinzip bedeutet, dass mit minimalem Mitteleinsatz ein vorgegebenes Ziel erreicht werden soll.
- Das Maximumprinzip bedeutet, dass mit gegebenen Mitteln ein maximaler Erfolg erzielt werden soll.

Wichtig ist, dass die Ertragsgröße festgelegt wird. Inhaltsleer wäre die Aussage, dass man mit dem geringsten Mitteleinsatz einen maximalen Ertrag erreichen solle.

Beispiel Maximumprinzip: Ökonomisch im Sinne dieses Prinzips handelt der Student, der seine ganze Arbeitskraft auf das Studium konzentriert, um ein möglichst gutes Examen abzulegen. Überträgt man das ökonomische Prinzip auf den Bereich betriebswirtschaftlicher Betätigung, bedeutet es, dass mit einem bestimmten gegebenen Kosteneinsatz eine möglichst große Produktionsleistung zu erzielen ist.

Beispiel Minimumprinzip: Ökonomisch im Sinne dieses Prinzips handelt der Student, der lediglich bestehen möchte und nur die dafür unbedingt notwendige Zeit in sein Studium investiert. Überträgt man das ökonomische Prinzip auf den Bereich betriebswirtschaftlicher Betätigung, bedeutet es, dass eine bestimmte Leistung mit möglichst geringen Kosten zu erzielen ist.

Markt und Preis

1. Kosten

Fixe Kosten

Fixe Kosten sind in einer bestimmten Zeitperiode konstant und unabhängig von der Produktions- bzw. Absatzmenge (Ausbringungsmenge).
Beispiel: Die Produktionsmenge wird von 100 Stück auf 120 Stück erhöht. Der Materialeinsatz erhöht sich (variable Kosten), die Kosten für die Maschine (Abschreibungen) erhöhen sich dagegen nicht. Sie bleiben in einer bestimmten Zeitperiode konstant.
Bei fixen Kosten verringern sich die Stückkosten mit Erhöhung der Ausbringungsmenge. Fixkosten sind stets Gemeinkosten.

Variable Kosten

Variable Kosten verändern sich bei Änderung der Produktions- bzw. Absatzmenge (Ausbringungsmenge). Sie sind damit mengenabhängige Kosten. Die Veränderung der Kosten kann in Abhängigkeit zur Ausbringungsmenge wie folgt aussehen:
- Proportional: Mit jedem Stück mehr Produktionsmenge erhöhen sich die variablen Kosten im gleichen Verhältnis (Stückkosten bleiben gleich).
- Überproportional: Mit jedem Stück mehr Produktionsmenge erhöhen sich die variablen Kosten pro Stück.
- Unterproportional: Mit jedem Stück mehr Produktionsmenge vermindern sich die variablen Kosten pro Stück.

Beispiel

Die *Hertel GmbH* ist Herstellerin von Elektrobikes. Die Unternehmung ermittelt folgende Planzahlen für das Jahr 2020:

Fixe Kosten	156 Mio. EUR
Variable Kosten je Elektrobike	850,00 EUR
Kalkulierter Absatz	0,2 Mio. Elektrobikes

Berechnung des kostendeckenden Marktpreises je Elektrobike

200.000 x 850 + 156.000.000 = 326.000.000 EUR
326 Mio. : 0,2 Mio. = **1.630,00 EUR pro Elektrobike**

2. Meistausführungsprinzip

Es handelt sich um die Feststellung von Börsenkursen. Dabei wird die Kurshöhe bestimmt, bei der der größte Umsatz zustande kommt. Um den Einheitskurs, den Eröffnungskurs und den Schlusskurs im Kassamarkt zu bestimmen, wendet man das Meistausführungsprinzip an. Bei der Auktion im elektronischen Handel wird es ebenfalls verwendet. Die Kauf- und Verkaufsorders werden in einem Orderbuch gesammelt und einander gegenübergestellt. Anhand der Orderlage ermittelt anschließend der Skontroführer oder das elektronische Handelssystem den Kurs, zu dem der größte Umsatz erzielt werden kann.

Beispiel: Kursnotiz: 135bG

Zum Kurs von 135 EUR kommt der größte Umsatz zustande. Alle Bestens- und Billigst-Aufträge sowie alle über dem Kurs limitierten Kaufaufträge und alle unter dem Kurs limitierten Verkaufsaufträge werden ausgeführt. Die zum Kurs limitierten Verkaufsaufträge werden vollständig, die zum Kurs limitierten Kaufaufträge nur teilweise ausgeführt. Zum Kurs von 135 EUR besteht weniger Angebot an Wertpapieren, wodurch der Kurs mit dem Zusatz „bezahlt Geld" (bG) versehen wird.

Beispiel zur Ermittlung eines Kurses nach dem Meistausführungsprinzip

Dem Skontroführer liegen die nachstehenden Aufträge zur Eröffnungskursermittlung der X-Aktie vor:

Kauf/Stück	Limit/EUR pro Stück	Verkauf/Stück	Limit/EUR pro Stück
36	Billigst	80	bestens
42	358,00	53	353,50
100	357,00	32	355,00
72	356,00	36	357,00
15	354,00	41	357,60
22	353,50	10	358,00
90	352,00	-	-
Summe 377		Summe 252	

Ermittlung des Eröffnungskurses

Bei einem Kurs von	Verkaufsaufträge	Kaufaufträge	Umsätze
352,00 EUR	80	377	80
353,50 EUR	133	287	133
354,00 EUR	133	265	133
355,00 EUR	165	250	165
356,00 EUR	165	250	165
357,00 EUR	201	178	178
357,60 EUR	242	78	78
358,00 EUR	252	78	78

Der Eröffnungskurs für die X-Aktie wird mit 357,00 EUR festgesetzt.
Der Kurszusatz lautet **bB** (bezahlt Geld).

H Markt und Preis 59

3. Preiselastizität der Nachfrage

Die Preiselastizität der Nachfrage gibt an, wie stark die Nachfrage nach einem Produkt auf eine Preisänderung reagiert. Sie ist definiert als die prozentuale Veränderung der nachgefragten Menge eines Produktes im Verhältnis zur prozentualen Veränderung des Preises dieses Produktes:

$$PE = \frac{(Q_1 - Q_2) / Q_1}{(P_1 - P_2) / P_1}$$

$Q_{1,2}$ = Menge vor bzw. nach der Preisänderung

$P_{1,2}$ = Preis vor bzw. nach der Preisänderung

Ist der Absolutbetrag der Preiselastizität

> 1, so ist die **Nachfrage elastisch** – eine 1-prozentige Preisänderung bewirkt eine mehr als 1-prozentige Mengenänderung.

= 1, so ist die **Nachfrage isoelastisch** – eine 1-prozentige Preisänderung bewirkt eine 1-prozentige Mengenänderung.

< 1, so ist die **Nachfrage unelastisch** – eine 1-prozentige Preisänderung bewirkt eine weniger als 1-prozentige Mengenänderung.

Beispiel

Der Preis für ein Gut wird von 1,50 EUR auf 1,80 EUR erhöht. Daraufhin wird das Gut von einem Konsumenten statt bisher mit 5 jetzt nur noch mit 3 Einheiten nachgefragt.

Berechnung der Preiselastizität des Verbraucherverhaltens

Berechnung der prozentualen Mengenänderung: (5 - 3) : 5 = 0,4

Berechnung der prozentualen Preisänderung: (1,50 - 1,80) : 1,50 = - 0,2

Berechnung der Preiselastizität: 0,4 : -0,2 = -2

Die Nachfrage ist sehr elastisch.

4. Produzentenrente

Die Produzentenrente ist die Differenz zwischen dem Preis, zu dem ein Anbieter aufgrund seiner Kostensituation noch bereit wäre, ein Produkt herauszustellen und anzubieten, und dem Marktpreis, d. h. die Produzentenrente misst die Summe der Deckungsbeiträge der Unternehmen in einem Markt.

Ein Zahlenbeispiel soll das verdeutlichen: Ein Anbieter ist in Lage, zwei Stück eines Gutes pro Tag herzustellen. Das erste kann zu Kosten von 50 produziert werden, das zweite zu Kosten von 60. Der aktuelle Marktpreis des Produkts ist 65. Dann erzielt der Anbieter mit dem ersten Stück eine Produzentenrente von 15 und mit dem zweiten eine Produzentenrente von 5, zusammen also eine Produzentenrente von 20. Würden die Kosten des zweiten Stücks auf 70 statt auf 60 steigen, dann wäre sein Kostendeckungspreis für das Stück 70 und er würde es nicht herstellen, weil er nur einen Preis von 65 erzielen könnte.

5. Konsumentenrente
Die Konsumentenrente ist die Differenz zwischen dem Geldbetrag, den die Konsumenten für ein Gut äußerstenfalls zu bezahlen bereit wären (maximale Zahlungsbereitschaft) und dem Marktpreis.

Beispiel
Ein Anleger hat im Vorfeld des Kaufs eines Wertpapiers mit einer Rendite von 1,7 % p.a. kalkuliert. Das Angebot der Nordbank AG liegt bei einer Rendite von 2,0 % p.a. Welcher Geldvorteil erzielt der Anleger bei einem Kapitaleinsatz von 20.000,00 EUR?
Lösung: Die Konsumentenrente beträgt 60,00 EUR p.a. (0,3 % von 20.000,00 EUR)

Marktformen

1. Marktmodelle

Freie Marktwirtschaft	Im Modell der freien Marktwirtschaft ist die wirtschaftliche Freiheit der Wirtschaftssubjekte unbeschränkt. Die Wirtschaft ist sich selbst überlassen. Die Wirtschaftssubjekte planen und entscheiden selbstständig, ohne dass der Staat unmittelbar in das Wirtschaftsgeschehen eingreift.
Soziale Marktwirtschaft	In dieser Wirtschaftsordnung vereinigen sich die Grundprinzipien des marktwirtschaftlichen Leistungswettbewerbs mit einer um sozialen Ausgleich bemühten staatlichen Beeinflussung des Wirtschaftsgeschehens. Der Staat versucht, mögliche Fehlentwicklungen und den sozialen Folgeproblemen der freien Marktwirtschaft durch seine Sozialpolitik und durch die Festsetzung geeigneter Rahmenbedingungen entgegenzutreten.

2. Vollkommener und unvollkommener Markt

Vollkommener Markt	Das Marktgeschehen spielt sich auf einem Markt ab, der frei von jeglichen Wettbewerbsbeschränkungen ist. Voraussetzungen für einen vollkommenen Markt sind rationale Verhaltensweisen der Marktteilnehmer, polypolistische Konkurrenz, Homogenität der Güter, keine persönlichen und räumlichen Präferenzen usw.
Unvollkommener Markt	Er bezeichnet die meisten in der Wirklichkeit vorkommenden Märkte, die deshalb als unvollkommen gelten, weil eine oder mehrere Voraussetzungen des vollkommenen Marktes fehlen. Auf unvollkommenen Märkten werden z. B. keine gleichartigen (homogenen), sondern ungleichartige (heterogene) Güter gehandelt, da sie sich etwa durch Form, Aufmachung oder Verpackung unterscheiden. Auf dem vollkommenen Markt herrscht vollständige Transparenz (Marktübersicht). Im Gegensatz dazu sind die Käufer und Verkäufer auf einem unvollkommenen Markt nicht vollständig über Bedingungen wie die Qualität der Güter und deren Preise informiert. Darüber hinaus kommt es auf unvollkommenen Märkten zu Vorlieben der Käufer: • **Sachliche Präferenzen** entstehen, weil in der Regel keine homogenen Güter verkauft werden, was Vorlieben der Verbraucher für bestimmte Güter bewirkt. • **Persönliche Präferenzen** ergeben sich durch Vorlieben der Käufer für bestimmte Anbieter oder Geschäfte, weil ihnen der Inhaber persönlich bekannt oder das Bedienungspersonal freundlich ist. • **Räumliche Präferenzen** bestehen, weil Käufer z. B. aus Bequemlichkeit häufig den nächstgelegenen Anbieter einer Ware einem entfernteren, preisgünstigeren Anbieter vorziehen.

	• **Zeitliche Präferenzen** sorgen dafür, dass z. B. Anbieter, die schneller liefern können als ihre preiswerteren Konkurrenten, von den Käufern bevorzugt werden. Die Bedingungen des unvollkommenen Marktes schaffen für die Unternehmen als Anbieter von Waren und Leistungen damit die Möglichkeit, die Preise ihrer Güter etwa nach räumlichen Merkmalen (z. B. Preisunterschiede zwischen Großstadt und Land) oder zeitlichen Gesichtspunkten (z. B. befristete Angebotspreise) unterschiedlich zu gestalten. Darüber hinaus können die Anbieter die Präferenzen der Käufer durch verschiedene Marketingmaßnahmen, z. B. eine geeignete Werbung, die attraktive Gestaltung von Ware und Verpackung, laufende Qualitätsverbesserungen oder Kundendienstleistungen, verstärken.

3. Nachfrageverschiebung

Veränderungen des Marktgleichgewichts

Zu dieser Veränderung kommt es, wenn sich Störungen der Nachfrage oder des Angebots ergeben. Diese Störungen führen zu Verschiebungen der Nachfrage- bzw. der Angebotsfunktion.

Geläufige Ursachen für Verschiebungen der Angebots- und Nachfragefunktion:

Verschiebung der	nach rechts	nach links
Nachfragefunktion	• Die Anzahl der Haushalte steigt. • Der Preis für Substitute steigt. • Der Preis für komplementäre Produkte fällt. • Das Einkommen der privaten Haushalte steigt. • Veränderungen der Präferenzen zugunsten des Produkts	• Die Anzahl der Haushalte fällt. • Der Preis für Substitute fällt. • Der Preis für komplementäre Produkte steigt. • Das Einkommen der privaten Haushalte fällt. • Veränderungen der Präferenzen zu Lasten des Produktes
Angebotsfunktion	• Die Anzahl der Produzenten steigt, z. B. infolge der Globalisierung. • Die Produktivität der Produktionsfaktoren, z. B. Faktor Arbeit oder Kapital, steigt. • Die Faktorkosten und Faktorpreise fallen. • Die Steuerbelastung fällt. • Die Subventionierung durch den Staat oder die EU steigt.	• Die Anzahl der Produzenten fällt, z. B. infolge von Handelsschranken. • Die Produktivität der Produktionsfaktoren fällt. • Die Faktorkosten und Faktorpreise steigen. • Die Steuerbelastung steigt. • Die Subventionierung durch den Staat oder die EU nimmt ab.

I Marktformen

Beispiel für eine Nachfrageverschiebung

Bei der *Tele AG*, einem Unternehmen, das Handys produziert und entwickelt, ergibt sich folgende Nachfragesituation:

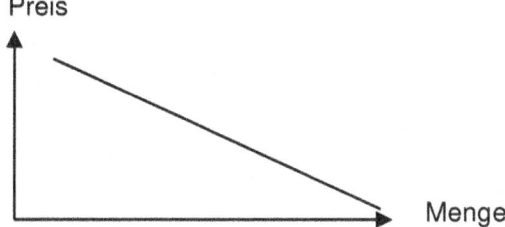

Situation 1
- Die Bundesregierung beschließt eine Einkommensteuersenkung. Dadurch erhöhen sich die verfügbaren Einkommen der privaten Haushalte.
- Durch umfangreiche Marketingaktivitäten der *Tele AG* wurden neue Käuferschichten gewonnen.

Wirkung: Die Nachfragekurve verschiebt sich nach rechts.

Situation 2
- Das Konkurrenzprodukt „Smartphone" kommt als Substitut zum Handy zu einem attraktiven Preis auf den Markt.
- In einem Verbrauchermagazin äußern Experten Bedenken, dass das Handy der *Tele AG* aus einem Material besteht, das zu Gesundheitsschäden führen kann. Die Verbraucher reagieren durch Kaufzurückhaltung auf diese Meldung.

Wirkung: Die Nachfragekurve verschiebt sich nach links.

J Volkswirtschaftliche Gesamtrechnung

1. Der erweiterte Wirtschaftskreislauf

Wirtschaftssektoren	• **Private Haushalte** als Konsumstätten • **Unternehmen** als Produktionsstätten • **Staat** (öffentliche Haushalte und Sozialversicherungsträger) • **Ausland** mit seinen Wirtschaftsbeziehungen zum Inland
Wirtschaftssubjekte	• Private Haushalte, Unternehmen und staatliche Einrichtungen sind die Träger selbstständiger wirtschaftlicher Entscheidungen. • Diese Wirtschaftssubjekte eines Landes bilden in ihrer Gesamtheit und mit ihren Beziehungen zueinander eine Volkswirtschaft.
Güterkreislauf	• Die **Produktion** vollzieht sich in den Unternehmen. • Der **Konsum** vollzieht sich in den privaten Haushalten. • Private Haushalte stellen den Unternehmen die Produktionsfaktoren im **Produktionsgüterstrom** zur Verfügung. • Die von den Unternehmen produzierten Konsumgüter fließen im Konsumgüterstrom an die privaten Haushalte.
Geldkreislauf	• Die privaten Haushalte erhalten im **Einkommensstrom** in Form von Geldzahlungen das Entgelt für die Bereitstellung der Produktionsfaktoren. • Im **Konsumausgabenstrom** leisten die privaten Haushalte Geldzahlungen an die Unternehmen als Entgelt für die Konsumgüterkäufe.
Wirtschaftskreislauf	Geld- und Güterkreislauf bilden zusammen den Wirtschaftskreislauf, der den Wirtschaftsablauf innerhalb einer Volkswirtschaft in vereinfachter Form darstellt.
Kreditinstitute	• **Sparen** ist Verzicht auf den Kauf von Konsumgütern. • Sparen erfolgt bei den Kapitalsammelstellen. • Die Kreditinstitute vermitteln die Sparbeträge an die Unternehmen für **Investitionen** weiter. • Investitionen haben einen Einkommens- und einen Kapazitätseffekt.
Staat	• Hierzu zählen alle öffentlichen Haushalte, z. B. Gebietskörperschaften, Sozialversicherungseinrichtungen. • **Staatseinnahmen** sind Steuern, Gebühren und Beiträge. • **Staatsausgaben** unterteilen sich in Transferzahlungen, d. h. unentgeltliche Leistungen des Staates an bestimmte Privatpersonen und Subventionen, d. h. unentgeltliche Zahlungen an Unternehmen zur Förderung gesamtwirtschaftlicher Vorhaben.
Ausland	Der **Außenwirtschaftsverkehr** umfasst den Austausch von Waren, Dienstleistungen und Kapital mit fremden Volkswirtschaften.

Beispiel 1: Vereinfachter Wirtschaftskreislauf

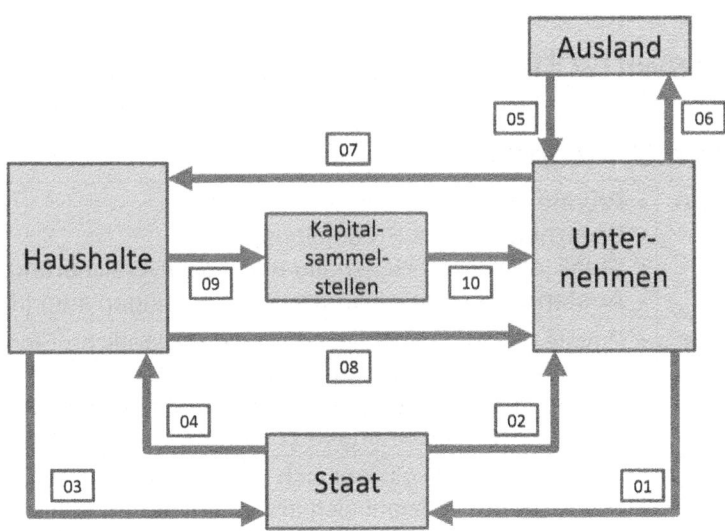

Beispiele für den Ablauf von Geldströmen

01 Unternehmen zahlen Sozialversicherungsbeiträge und Steuern an den Staat.
02 Der Vorsteuerüberhang wird vom Staat an die Unternehmen überwiesen. Außerdem gewährt der Staat Subventionen an Unternehmen aus Gründen der Strukturförderung.
03 Private Haushalte zahlen Grundsteuer an den Staat. Private Haushalte zahlen Gebühren für die Erstellung von Reisepässen.
04 Gehälter für Beamte werden vom Staat gezahlt. Der Staat zahlt Kindergeld an private Haushalte.
05 Ein deutsches Unternehmen exportiert Maschinen ins Ausland, die vom Importeur bezahlt werden.
06 Ein deutsches Unternehmen beteiligt sich an einem amerikanischen Autozulieferunternehmen.
07 Die Unternehmen zahlen Faktoreinkommen an die Haushalte.
08 Haushalte kaufen Konsumgüter von den Unternehmen.
09 Haushalte zahlen Spargelder bei den Kreditinstituten ein.
10 Kreditinstitute gewähren Investitionskredite an Unternehmen.

Beispiel 2: Erweiterter Wirtschaftskreislauf

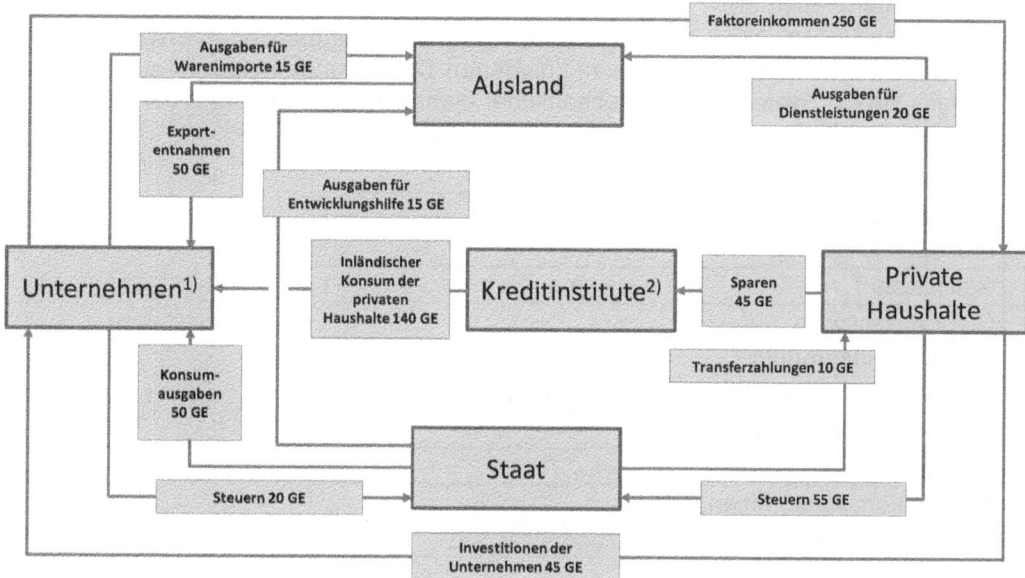

[1] Nicht finanzielle Kapitalgesellschaften [2] Finanzielle Kapitalgesellschaften
GE = Geldeinheiten
Der Saldo der Handelsbilanz beträgt 35 GE (50 GE – 15 GE)

2. BIP und BNE

Bruttoinlandsprodukt (BIP)

Das BIP ist ein zusammengefasstes Maß für den Wert der wirtschaftlichen Leistungen, die aus der Produktionstätigkeit im Inland in einer Periode entsteht. Es zeigt in gütermäßiger Sicht den Wert der im Inland in einer Periode erzeugten Endprodukte, d. h. Waren und Dienstleistungen nach Abzug des Wertes (ohne Einfuhrabgaben) der im Produktionsprozess als Vorleistungen verbrauchten sowie importierten Güter.

Bruttonationaleinkommen (BNE)

Das BNE ergibt sich als Summe von BIP und dem Saldo der Primäreinkommen mit der übrigen Welt.

Für Deutschland besteht zwischen dem BIP und dem BNE quantitativ kein bedeutender Unterschied. Er betrug i. d. R. in der Vergangenheit weniger als 1 % des BIP, z. B. 2020 betrug das BNE 2.249 Mrd. EUR und das BIP 2.244 Mrd. EUR.

Bruttoinlandsprodukt nach der Entstehungsrechnung

Die volkswirtschaftliche Gesamtrechnung (VGR) soll umfassende Informationen über das Wirtschaftsgeschehen der Volkswirtschaft in einer abgelaufenen Periode liefern. Als VGR werden gesamtwirtschaftliche Rechenwerke bezeichnet, die eine umfassende, systematische quantitative Beschreibung gesamtwirtschaftlicher Größen einer Volkswirtschaft für eine abgelaufene Periode geben. Im Mittelpunkt des Rechenwerks stehen die Entstehungs-, Verteilungs- und Verwendungsrechnung des Bruttoinlandsprodukts (BIP) und des Bruttonationaleinkommens (BNE) sowie die Darstellung der Umverteilungs- und Vermögensbildungsvorgänge einer vergangenen Periode. Das BIP ist das wichtige Produktionsmaß und das BNE ist das wichtige Einkommensmaß.

Schließlich enthält die VGR die Vermögensrechnung und Angaben über Erwerbstätige, Arbeitnehmer und Arbeitsstunden. Diese verschiedenen Darstellungen sind so aufeinander abgestimmt, dass sie ein System volkswirtschaftlicher Gesamtrechnungen ergeben.

Berechnung des BIP nach der Entstehungsrechnung

	Produktionswert
-	Vorleistungen
=	Bruttowertschöpfung
+	Gütersteuern
-	Gütersubventionen
=	**Bruttoinlandsprodukt**
+	Saldo der Primäreinkommen mit der übrigen Welt
=	**Bruttonationaleinkommen**
-	Abschreibungen
=	**Nettonationaleinkommen**
-	Produktions- und Importabgaben an den Staat
+	Subventionen vom Staat
=	**Volkseinkommen**
-	Arbeitnehmerentgelt
=	**Unternehmens- und Vermögenseinkommen**

Berechnung des BIP nach der Verwendungsrechnung

	Private Konsumausgaben
+	Konsumausgaben des Staates
+	Ausrüstungsinvestitionen
+	Bauinvestitionen
+	Sonstige Anlagen
+	Vorratsveränderungen und Nettozugang an Wertsachen
+	Exporte von Waren und Dienstleistungen
-	Importe von Waren und Dienstleistungen
=	**Bruttoinlandsprodukt (BIP)**
+	Saldo der Primäreinkommen mit der übrigen Welt
=	**Bruttonationaleinkommen**
-	Abschreibungen
=	**Nettonationaleinkommen**
-	Produktions- und Importabgaben an den Staat
+	Subventionen vom Staat
=	**Volkseinkommen**
-	Arbeitnehmerentgelt
=	**Unternehmens- und Vermögenseinkommen**

J Volkswirtschaftliche Gesamtrechnung

Bruttoinlandsprodukt nach der Verteilungsrechnung

Die Verteilungsrechnung erfasst die Sekundäreinkommen. Sie gibt ausgehend von dem Aggregat „Volkseinkommen" Antworten auf die Frage, welche Einkommensarten, nämlich Arbeitnehmerentgelte sowie Unternehmens- und Vermögenseinkommen, Inländern letztlich zugeflossen sind.

Man unterscheidet bei der Verteilungsrechnung zwischen zwei Einkommensquellen:
- Das Arbeitnehmerentgelt ist die Summe aller Arbeitnehmereinkommen (Bruttolöhne und -gehälter zuzüglich der Lohnnebenkosten in Form von Arbeitgeberbeiträgen zur Sozialversicherung und weiterer Sozialaufwendungen der Arbeitgeber).
- Das Unternehmens- und Vermögenseinkommen ist die Summe aller übrigen Faktoreinkommen (Gewinne der Unternehmen, Zinsen und sonstige Kapitaleinkünfte, Mieten und Pachten).

Das verfügbare Einkommen entspricht nicht dem Volkseinkommen, weil der Staat den privaten Haushalten Einkommensteilen in Form von direkten Steuern und Sozialabgaben entzieht. Ein Teil dieser öffentlichen Einnahmen dient der Finanzierung öffentlicher Aufgaben, ein anderer Teil geht an die privaten Haushalte in Form von Transferzahlungen (Renten, Kindergeld usw.) zurück.

	Bruttoinlandsprodukt
+	Primäreinkommen der Inländer aus der übrigen Welt
-	Primäreinkommen der Ausländer aus dem Inland
=	**Bruttonationaleinkommen**
-	Abschreibungen
=	**Nettonationaleinkommen (Primäreinkommen)**
-	Produktions- und Importabgaben
+	Subventionen an Unternehmen
=	**Volkseinkommen** setzt sich zusammen aus: - Arbeitnehmerentgelt - Unternehmens- und Vermögenseinkommen

Beispiel 1: Ermittlung der inländischen Verwendung

Auszug aus dem Bundesbankbericht für das aktuelle Jahr:

Verwendung des Bruttoinlandsprodukts (BIP)	**in Mrd. EUR**
Private Konsumausgaben	1.445,0
Konsumausgaben des Staates	484,7
Investitionen	360,3
Außenbeitrag	131,7
davon Exporte davon Importe	1.152,3 1.020,6
Bruttoinlandsprodukt (BIP)	2.421,7

Ermittlung der inländischen Verwendung im aktuellen Jahr in Mrd. EUR:
1.445,0 + 484,7 + 360,3 − 131,7 + 1.152,3 − 1.020,6 = 2.290,0

Beispiel 2: Ermittlung des BIP

Gesamtwirtschaftliche Größen	in Mrd. EUR
Entstehungsrechnung:	
Bruttowertschöpfung	2.171,94
Gütersteuern	324,86
Subventionen	?
Verwendungsrechnung:	
Private Konsumausgaben	1.276,25
Konsumausgaben des Staates	435,91
Bruttoanlageinvestitionen (einschließlich Vorratsveränderungen)	442,77
Exporte (Waren und Dienstleistungen)	1.238,96
Importe (Waren und Dienstleistungen)	970,89

BIP = 1.276,25 + 435,91 + 442,77 + 1.238,96 − 970,89 = **2.423,00**

Beispiel 3: Ermittlung der Höhe der Subventionen (Siehe Tabelle Beispiel 2)
Subventionen = Bruttowertschöpfung + Gütersteuern − BIP = 2.171,94 + 324,86 − 2.423,00 = **73,80**

Beispiel 4: Berechnung der Veränderung des Bruttoinlandsprodukts (BIP) für das aktuelle Jahr (Jahr neu), preisbereinigt in Prozent

Gegenstand der Nachweisung	Einheit	Jahr (alt)	Jahr (neu)
Bruttoinlandsprodukt	Mrd. EUR	2.215,65	2.244,00
Konsumausgaben	Mrd. EUR	1.725,29	1.745,73
- Private Konsumausgaben	Mrd. EUR	1.312,53	1.330,98
- Konsumausgaben Staat	Mrd. EUR	412,76	414,75
Bruttoanlageinvestitionen	Mrd. EUR	384,94	384,04
Inländische Verwendung von Gütern	Mrd. EUR	2.106,19	2.131,07
Außenbeitrag (Exporte minus Importe)	Mrd. EUR	109,46	112,93
- Exporte	Mrd. EUR	842,84	900,89
- Importe	Mrd. EUR	733,38	787,96
Bruttonationaleinkommen	Mrd. EUR	2.216,00	2.248,71
Volkseinkommen	Mrd. EUR	1.658,32	1.684,50
- Arbeitnehmerentgelt	Mrd. EUR	1.134,49	1.128,87
- Unternehmens- und Vermögenseinkommen	Mrd. EUR	523,83	555,63
Bruttoinlandsprodukt (BIP), preisbereinigt	2000 = 100	102,76	103,65

BIP = Private Konsumausgaben + Konsumausgaben des Staates + Ausrüstungsinvestitionen + Bauinvestitionen + sonstige Anlagen + Vorratsveränderungen + Exporte von Waren und Dienstleistungen − Importe von Waren und Dienstleistungen

BIP-Berechnung preisbereinigt, d. h. reales BIP:
103,65 − 102,76 = 0,89   0,89 : 102,76 x 100 = 0,8660957 aufgerundet: **0,87**
Das BIP ist real (preisbereinigt) um 0,87 % gestiegen.

J Volkswirtschaftliche Gesamtrechnung

Nominales und reales BIP

Das Bruttoinlandsprodukt errechnet sich als Summe der Bruttowertschöpfung aller Wirtschaftsbereiche zzgl. des Saldos von Gütersteuern abzüglich Gütersubventionen. Das nominale BIP ist die gängigste Form, um das Inlandsprodukt von Ländern oder Regionen zu vergleichen. Es gibt die Summe der inländischen Wertschöpfung bzw. der Wertschöpfung von Regionen in aktuellen Marktpreisen an. Die Nominal-Orientierung bedeutet, dass Währungen zu ihrem Marktwechselkurs umgerechnet werden und dass Inflationseffekte im Zeitverlauf nicht mit abgebildet werden, d. h. 1 Euro im Jahre 2010 und 1 Euro im Jahre 2015 werden im Rahmen eines Vergleiches als wesensgleich abgebildet. Preissteigerungen durch Inflation erscheinen dadurch fälschlicherweise als Wirtschaftswachstum.

Um das BIP unabhängig von den Veränderungen der Preise betrachten zu können, verwendet man das reale BIP, in dem alle Güter und Dienstleistungen zu Marktpreisen eines Basisjahres bewertet werden (BIP zu konstanten Preisen).

Beispiel

Für eine Volkswirtschaft ergeben sich für das letzte und das aktuelle Jahr folgende Zahlen:

Verwendung des Bruttoinlandsprodukts

In jeweiligen Preisen (Mrd. EUR)	letztes Jahr	aktuelles Jahr
Private Konsumausgaben	1.373,7	1.404,6
Bruttoinlandsprodukt	2.422,9	2.491,4
Preise (Jahr 2015 = 100)	**letztes Jahr**	**aktuelles Jahr**
Private Konsumausgaben	110,8	113,2
Bruttoinlandsprodukt	108,1	109,8

Berechnung der prozentualen Veränderung des nominalen Bruttoinlandsprodukts des aktuellen Jahres zum letzten Jahr

Rechenweg: (2.491,4 − 2.422,9) : 2.422,9 x 100 = 2,82719
Die prozentuale Veränderung des nominalen BIP beträgt gerundet 2,83 %.

Berechnung der prozentualen Veränderung des realen (preisbereinigten) Bruttoinlandsprodukts des aktuellen Jahres zum letzten Jahr

Rechenweg: (109,8 − 108,1) : 108,1 x 100 = 1,57261
Die prozentuale Veränderung des realen BIP beträgt gerundet 1,58 %.

3. Lohnquote und Gewinnquote

Kennzeichnung	• Die Lohnquote gibt den Anteil der Arbeitnehmerentgelte am gesamten Volkseinkommen an. • Die Lohnquote wird häufig als Maßstab für die Einkommensverteilung angesehen.
Entwicklung der Lohnquote im Konjunkturverlauf	Dabei gilt zu berücksichtigen, dass die Lohnquote im Konjunkturverlauf schwankt, weil Löhne, Gehälter, Gewinne und Beschäftigung mit zeitlicher Verzögerung und in unterschiedlicher Intensität den Konjunkturzyklen folgen: Im Abschwung steigt die Lohnquote, im Aufschwung geht sie zurück.
Die Lohnquote als verteilungspolitische Kennziffer	Die Lohnquote hat einen Konstruktionsfehler: Sie steigt (fällt) auch dann, wenn der Anteil der abhängig Beschäftigten an der Gesamtzahl der Erwerbstätigen (abhängig Beschäftigte, Selbstständige) steigt (fällt), ohne dass sich an den Einkommensverhältnissen etwas geändert hat. Im Konzept der "bereinigten Lohnquote" wird dieser Effekt herausgerechnet: Es wird dabei die Lohnquote ermittelt, die sich ergeben würde, wenn das Verhältnis zwischen Selbstständigen und unselbstständig Beschäftigten so geblieben wäre wie in einem Basisjahr.
Kritik an der Lohnquote	Die Lohnquote ist als Verteilungsmaßstab auch aus folgenden Gründen stark umstritten: Die Arbeitnehmer erhalten neben Löhnen und Gehältern auch Einkommen aus Kapitalanlagen, z. B. Zinsen, Dividenden, Mieten, Pachten. Die zunehmende Bedeutung dieser Querverteilung hat die Konturen zwischen Arbeitnehmereinkommen und Kapitaleinkommen zusehends verwischt. Das Gegenstück zur Lohnquote sollte deshalb nicht als Gewinnquote bezeichnet werden, denn die Restgröße "Unternehmens- und Vermögenseinkommen" umfasst neben den eigentlichen Unternehmensgewinnen auch den kalkulatorischen Unternehmerlohn der Selbstständigen sowie die Zins- und Mieteinkünfte aller Sektoren (Haushalte, Unternehmen, Staat). Die Lohnquote berücksichtigt nicht den Beschäftigungsgrad. Ob die Verteilungssituation mit dem gesamtwirtschaftlichen Ziel der Vollbeschäftigung in Einklang steht, lässt sich an der Lohnquote deshalb nicht ablesen.
Gewinnquote	• Bezieht man das Unternehmens- und Vermögenseinkommen auf das Volkseinkommen, so erhält man die Gewinnquote. Lohnquote und Gewinnquote ergeben zusammen 100 %. • Die Unternehmens- und Vermögenseinkommen umfassen die Einkommen der privaten Haushalte und des Staates aus Zinsen, Nettopachten und immateriellen Werten, aus Dividenden und sonstigen Ausschüttungen der Unternehmen mit eigener Rechtspersönlichkeit sowie die nicht ausgeschütteten Gewinne der Unternehmen mit eigener Rechtspersönlichkeit.

J Volkswirtschaftliche Gesamtrechnung

Beispiel	2020	2021
Arbeitnehmerentgelte	1.970,2 Mrd. EUR	1.999,8 Mrd. EUR
Unternehmens- und Vermögenseinkommen	795,8 Mrd. EUR	848,5 Mrd. EUR
Volkseinkommen	2.766,0 Mrd. EUR	2.848,3 Mrd. EUR
Lohnquoten für 2020/2021	**2020:** 1.970,2 : 2.766,0 x 100 = 71,23 % **2021:** 1.999,8 : 2.848,3 x 100 = 70,21 %	

4. Sparquote

Definition

Die Sparquote ist der prozentuale Anteil der Ersparnisse am Bruttoinlandsprodukt, Volkseinkommen oder verfügbarem Einkommen der privaten Haushalte (durchschnittliche Sparquote). Die marginale Sparquote bezieht sich auf eine Einkommensänderung, sie dokumentiert eine eventuelle Veränderung des Sparverhaltens aufgrund der Einkommensänderung. Die durchschnittliche Sparquote in der Bundesrepublik liegt z. Zt. bei 9 % (2021), was bedeutet, dass jeder Haushalt von 100 Euro verfügbaren Einkommens 9 Euro spart. Üblicherweise steigt die Sparquote in Krisenzeiten (Angstsparen) und sinkt in Boomzeiten bzw. bei allgemein positiven Zukunftserwartungen.

Beispiel für die Berechnung der Sparquote

Einkommen der privaten Haushalte im letzten Jahr – Angaben in Mrd. Euro	
Bruttolöhne/-gehälter	1.565,3
Nettolöhne/-gehälter	1.030,3
Öffentliche Einkommensübertragungen	551,7
Verfügbares Einkommen	2.382,7
Private Ersparnis	287,6
Berechnung der Sparquote: Private Ersparnis : Verfügbares Einkommen x 100	287,6: 2.382,7 x 100 = **12,07 %**

5. Abgabenquote

Definition

Die Abgabenquote drückt den Anteil von Steuern und Sozialabgaben an der Wirtschaftsleistung (Bruttoinlandsprodukt, BIP) eines Landes in Prozent aus. In Deutschland liegt die Abgabenquote bei gut 41. Experten halten diesen Prozentsatz für zu hoch und sehen in der starken Belastung des Faktors Arbeit mit Steuern und Abgaben eine wesentliche Ursache für Schwarzarbeit.

Beispiel für die Berechnung der Abgabenquote

Einkommen der privaten Haushalte im letzten Jahr – Angaben in Mrd. Euro	
Bruttolöhne/-gehälter	1.565,3
Nettolöhne/-gehälter	1.030,3
Öffentliche Einkommensübertragungen	551,7
Verfügbares Einkommen	2.382,7
Private Ersparnis	287,6
Berechnung der Abgabenquote: (Bruttolöhne – Nettolöhne) : Bruttolöhne x 100	(1565,3 – 1030,3) : 1565,3 x 100 = **34,18 %**

6. Personelle Einkommensverteilung

Mit der personellen Einkommensverteilung wird dargestellt, wie das Einkommen einer Volkswirtschaft auf einzelne Personen oder Gruppen (z. B. Haushalte) verteilt wird. Dabei können zwei Arten der Einkommensverteilung voneinander unterschieden werden:

- **Primäre Einkommensverteilung:** Verteilung der Markteinkommen im Wettbewerb
- **Sekundäre Einkommensverteilung:** Verteilung der verfügbaren Einkommen. Das ist das personelle Primäreinkommen zuzüglich der empfangenen Sozialbeiträge, Renten und anderer Transfers (z. B. Kindergeld) abzüglich der geleisteten Einkommensteuern und Vermögenssteuern, Sozialbeiträge, monetären Sozialleistungen und anderer sonstigen laufenden Transfers (z. B. Solidaritätszuschlag).

K Wirtschafts- und Finanzpolitik

1. Konjunkturphasen

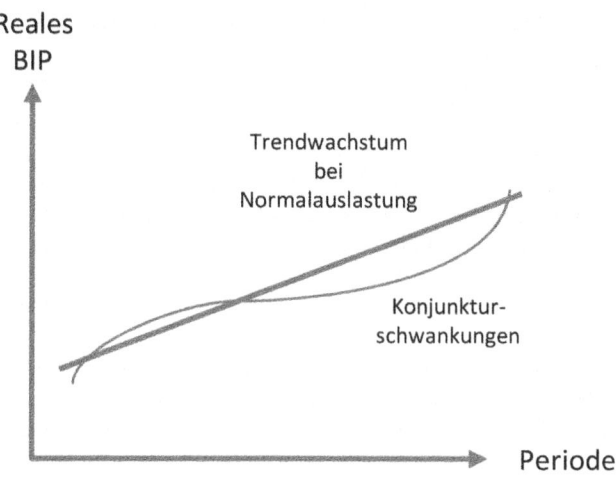

Die Konjunktur vollzieht sich in sinusförmigen Linien um den Trend der Normalauslastung, der als eine Gerade eingezeichnet worden ist.

Die Normalauslastung stellt eine Situation dar, in der alle Produktionsfaktoren weder unter- noch überbeschäftigt sind. Der Normalauslastungsgrad der Produktionsmöglichkeiten beträgt 96,5 % der vorhandenen Kapazitäten.

Konjunkturzyklus

Der Konjunkturzyklus verläuft über die Phasen Aufschwung, Hochkonjunktur, Abschwung und Talsohle.

Hochkonjunktur: Es kommt zu einer Überhitzung an den Märkten. Die Nachfrage trifft auf ein unelastisches Angebot und ruft weitere Preissteigerungen hervor. Hohe Lohnforderungen reichen nicht aus, um den Kaufkraftverlust auszugleichen.

Abschwung: Der Beschäftigungsabbau in der Investitionsgüterindustrie macht sich im Rückgang der Nachfrage nach Konsumgütern bemerkbar. Nicht ausgenutzte Kapazitäten zwingen die Unternehmen zur Kostensenkung. Das Bruttoinlandsprodukt geht zurück.

Konjunkturbeeinflussende Maßnahmen nach dem Stabilitätsgesetz

§ 1 (Beachtung der Erfordernisse des gesamtwirtschaftlichen Gleichgewichts)

Bund und Länder haben bei ihren wirtschafts- und finanzpolitischen Maßnahmen die Erfordernisse des gesamtwirtschaftlichen Gleichgewichts zu beachten. Die Maßnahmen sind so zu treffen, dass sie im Rahmen der marktwirtschaftlichen Ordnung gleichzeitig zur Stabilität des Preisniveaus, zu einem hohen Beschäftigungsstand und außenwirtschaftlichem Gleichgewicht bei stetigem und angemessenem Wirtschaftswachstum beitragen.

§ 5 (Ausgabenbemessung – Konjunkturausgleichsrücklage)

(1) Bei einer die volkswirtschaftliche Leistungsfähigkeit übersteigenden Nachfrageausweitung sollen Mittel zur zusätzlichen Tilgung von Schulden bei der Deutschen Bundesbank oder zur Zuführung an eine Konjunkturausgleichsrücklage veranschlagt werden.

(2) Bei einer die Ziele des § 1 gefährdenden Abschwächung der allgemeinen Wirtschaftstätigkeit sollen zusätzlich erforderliche Deckungsmittel zunächst der Konjunkturausgleichsrücklage entnommen werden.

§ 6 (Ausgabeneinschränkung – Zusätzliche Ausgaben – Zusätzliche Kreditaufnahme)

(1) Bei der Ausführung des Bundeshaushaltsplanes kann im Falle einer die volkswirtschaftliche Leistungsfähigkeit übersteigenden Nachfrageausweitung die Bundesregierung dem Bundesminister der Finanzen ermächtigen, zur Erreichung der Ziele des § 1 die Verfügung über bestimmte Ausgabemittel, dem Beginn von Baumaßnahmen und das Eingehen von Verpflichtungen zu Lasten künftiger Rechnungsjahre von dessen Einwilligung abhängig zu machen. Die Bundesminister der Finanzen und für Wirtschaft schlagen die erforderlichen Maßnahmen vor. Der Bundesminister der Finanzen hat die dadurch nach Ablauf des Rechnungsjahres freigewordenen Mittel zur zusätzlichen Tilgung von Schulden bei der Deutschen Bundesbank zu verwenden oder der Konjunkturausgleichsrücklage zuzuführen.

(2) Die Bundesregierung kann bestimmen, dass bei einer die Ziele des § 1 gefährdenden Abschwächung der allgemeinen Wirtschaftstätigkeit zusätzliche Ausgaben geleistet werden ... Die zusätzlichen Mittel dürfen nur für im Finanzplan ... vorgesehene Zwecke oder als Finanzhilfe für besonders bedeutsame Investitionen der Länder und Gemeinden ... zur Abwehr einer Störung des gesamtwirtschaftlichen Gleichgewichts ... verwendet werden. Zu ihrer Deckung sollen die notwendigen Mittel zunächst der Konjunkturausgleichsrücklage entnommen werden.

(3) Der Bundesminister der Finanzen wird ermächtigt, zu dem in Abs. 2 bezeichneten Zweck Kredite über die im Haushaltsgesetz erteilten Kreditermächtigungen hinaus ... aufzunehmen ...

Beispiel für eine Konjunkturphase

Die Konjunktur in Deutschland befindet sich in einer Rezession. Dies kann durch einen Höchststand der Arbeitslosenquote belegt werden. Es herrscht geringe Investitionsbereitschaft. Aufgrund der pessimistischen Einstellungen der Wirtschaftssubjekte halten sich diese bei Investitionen zurück. Eine geringe Investitionsbereitschaft ist damit ein Indikator für eine rezessive Konjunkturphase.

Durch Eingriffe der einzelnen Gebietskörperschaften kann die Konjunktur mittelbar bzw. unmittelbar beeinflusst werden. In Zeiten eines Wirtschaftsabschwungs können die Bundesländer z. B. aufgrund der Einführung des Ganztagsbetriebs in den Schulen durch bauliche Maßnahmen in entsprechender Höhe unmittelbar den Konjunkturverlauf positiv beeinflussen.

Wenn zahlreiche Großunternehmen für eine Vielzahl ihrer Beschäftigten Kurzarbeit beschließen, kann dies auf eine beginnende Rezession hinweisen.

K Wirtschafts- und Finanzpolitik

2. Konjunkturindikatoren

Wesen	Indikatoren sind die Grundlage für die Einleitung konjunkturpolitischer Steuerungsmaßnahmen durch die Bundesregierung und die Zentralbank.
Frühindikatoren	Sie zeigen die zukünftige Wirtschaftsentwicklung. Indizes der Auftragseingänge, wertmäßige Erfassung eingegangener und akzeptierter Bestellungen bei Unternehmen der Industrie mit mehr als 20 Beschäftigten. Neben einem Gesamtindikator werden Indizes für einzelne Wirtschaftszweige sowie für den Außenhandel erstellt. Auftragseingänge, Entwicklung der Aktienkurse, Geldmengenentwicklung, offene Stellen, Zukunftserwartungen der Unternehmen, Baugenehmigungen, Zinsniveau, Wechselkurse.
Präsenzindikatoren	Sie zeigen die aktuelle Konjunkturphase, informieren zeitnah über gesamtwirtschaftliches Angebot und gesamtwirtschaftliche Nachfrage. Weitere Präsenzindikatoren sind: reales Bruttoinlandsprodukt (BIP), Industrieproduktion, Kapazitätsauslastungsgrad, Im- und Export, Steuereinnahmen.
Spätindikatoren	Sie beschreiben zeitverzögert die Konjunkturentwicklung. Ein weiterer Spätindikator sind die Preise. Für das Nachhinken der Preise sind die time lags auf den verschiedenen Produktions- und Handelsstufen verantwortlich. Vom Anstieg der industriellen Erzeugerpreise bis zu einem Anstieg des Preisindex für die privaten Lebenshaltungskosten ist mit einer Verzögerung von 1,5 bis zwei Jahren zu rechnen. Die Tariflöhne reagieren erst mit einer Anpassungsdauer von einem halben bis einem Jahr. Durch Kündigungsschutzregelungen kommt es auch bei der Beschäftigung zu zeitverzögerten Reaktionen.
Erzeugerpreisindex	Der Index der Erzeugerpreise gewerblicher Produkte misst die durchschnittliche Preisentwicklung von Rohstoffen und Industrieerzeugnissen, die in Deutschland hergestellt und im Inland verkauft werden. Die Produzenten dieser Güter gehören u. a. zum Verarbeitenden Gewerbe. Neben dem Erzeugerpreisindex gewerblicher Produkte werden auch Erzeugerpreisindizes für das Baugewerbe sowie für bestimmte Dienstleistungen berechnet. Erzeugerpreisindizes geben Hinweise auf künftige Inflationstendenzen, da sie Preisänderungen bereits auf einer frühen Wirtschaftsstufe der Wertschöpfungskette messen.

Beispiele für Frühindikatoren

Ifo-Geschäfts-klimaindex	Der ifo-Geschäftsklimaindex, kurz: ifo-Index, wird monatlich vom Münchener ifo-Institut für Wirtschaftsforschung e.V. veröffentlicht. Er ist ein Frühindikator für die konjunkturelle Entwicklung in Deutschland. Der ifo-Index wird durch monatliche Umfragen unter mehr als 7.000 Unternehmen aus Handel, Bau- und Verarbeitendem Gewerbe zu ihrer Einschätzung der wirtschaftlichen Lage ermittelt. Die Ergebnisse dieser Umfrage bilden die Grundlage für den so genannten ifo-Konjunkturtest, aus dem der ifo-Geschäftsklimaindex abgeleitet wird. Steigt der Index, dann gilt dies als Hinweis auf eine Besserung der wirtschaftlichen Lage. Fällt er dagegen, so gilt dies als Indiz für eine sich abschwächende Konjunktur.
GfK-Konsumklimaindex	Der GfK-Konsumklimaindex gilt als wichtiger Indikator für das Konsumverhalten deutscher Verbraucher und somit als Wegweiser für die konjunkturelle Entwicklung Deutschlands. Hierbei werden im Einzelnen Personen nach Einkommens- und Konsumerwartungen auf Sicht von zwölf Monaten befragt. Ebenso wird unter anderem deren Anschaffungs- und Sparneigung beleuchtet. Die resultierenden Daten dienen nicht nur der Ermittlung des GfK-Konsumklimaindex selbst, sondern sind ebenso Grundlage für die deutsche Komponente des EU-Verbrauchervertrauens. Der GfK-Konsumklimaindex wird am Ende eines jeden Monats für den Folgemonat von der Gesellschaft für Konsumforschung ermittelt. Der GfK-Konsumklimaindex wird seit 1980 von der Nürnberger Gesellschaft für Konsumforschung ermittelt. Zur Klärung der Entwicklung des privaten Verbrauchs werden allmonatlich rund 2.000 Verbraucherinterviews mit Personen ab 14 Jahren geführt, die im Auftrag der EU-Kommission durchgeführt werden. Zu den wesentlichen und einflussreichsten Indikatoren gehören im Einzelnen die Konjunktur- und Einkommenserwartung sowie die Anschaffungsneigung. Aus der Berücksichtigung dieser Bereiche resultiert der Gesamtindikator Konsumklimaindex. Darüber hinaus finden sich darin auch Einzelinformationen über die Ausgabevorhaben der Verbraucher für 20 Bereiche der Gebrauchsgüter-, Verbrauchsgüter- und Dienstleistungsmärkte. Der GfK-Konsumklimaindex gilt als vielbeachteter Indikator für die konjunkturelle Entwicklung in Deutschland. Zudem dient er der Ergänzung von weiteren amtlich erhobenen Statistiken wie dem EU-Verbrauchervertrauen. So kommt ihm eine besondere Bedeutung bei der Prognose von konjunkturellen Entwicklungen zu. Der Vorteil des GfK-Konsumklimaindex liegt in der allmonatlichen Erhebung der Daten. Somit sind die resultierenden Werte zumeist schneller verfügbar als quartalsweise veröffentlichte Statistiken.

Einkaufsmanager-Index (EMI)	Der Einkaufsmanager-Index (EMI) wird von Markit Economics, einem Spezialanbieter von Konjunkturumfragen, in Zusammenarbeit mit dem Bundesverband Materialwirtschaft, Einkauf und Logistik monatlich ermittelt. Grundlage des Index sind Befragungen von Einkaufsleitern und Geschäftsführern in rund 500 repräsentativ ausgewählten deutschen Industrieunternehmen. Der EMI setzt sich aus mehreren Teilindizes zusammen, darunter für Auftragseingänge, Preise und Beschäftigung. Der Einkaufsmanagerindex wird an den Finanzmärkten und in den Zentralbanken stark beachtet, da er als verlässlicher Indikator für die wirtschaftliche Aktivität gilt. Allerdings hat er nur einen vergleichsweise kurzen Vorlauf vor der Produktion. Werte unter 50 spiegeln eine Kontraktion der Produktion wider, Werte über 50 signalisieren einen Anstieg. Neben Deutschland ermittelt Markit Economics Einkaufsmanagerindizes für weitere 25 Länder, was internationale Konjunkturvergleiche erleichtert.

3. Arbeitslosenquote

Arbeitslos sind nach dem Sozialgesetzbuch Personen, die vorübergehend nicht in einem Beschäftigungsverhältnis stehen, das 15 Wochenstunden und mehr umfasst, eine versicherungspflichtige Beschäftigung von mindestens 15 Wochenstunden suchen und dabei den Vermittlungsbemühungen der Agenturen für Arbeit bzw. der Träger der Grundsicherung zur Verfügung stehen und sich dort persönlich arbeitslos gemeldet haben.

Arbeitslosenquoten zeigen die relative Unterauslastung des Arbeitskräfteangebots an, indem sie die registrierten **Arbeitslosen zu den Erwerbspersonen (EP = Erwerbstätige + Arbeitslose)** in Beziehung setzen.

Der Kreis der **Erwerbspersonen** bzw. der Erwerbstätigen kann unterschiedlich abgegrenzt werden. Insofern werden zwei unterschiedliche Arbeitslosenquoten ermittelt:

1. Arbeitslosenquote, bezogen auf alle zivilen Erwerbspersonen:

    Alle zivilen Erwerbstätigen sind die Summe aus den abhängigen zivilen Erwerbstätigen sowie Selbstständigen und mithelfenden Familienangehörigen. Die Quote errechnet sich entsprechend als

$$Arbeitslosenquote\ (auf\ der\ Basis\ aller\ ziv.\ EP) = \frac{Arbeitlose}{alle\ ziv.\ ET + Arbeitslose} \times 100$$

2. Arbeitslosenquote, bezogen auf die abhängigen zivilen Erwerbspersonen:

    Der Nenner enthält nur die abhängigen zivilen Erwerbstätigen (abh. ziv. ET), d. h. die Summe aus sozialversicherungspflichtig Beschäftigten (einschl. Auszubildende), geringfügig Beschäftigten, Personen in Arbeitsgelegenheiten, Beamten (ohne Soldaten) und Grenzpendlern. Daraus errechnet sich:

$$Arbeitslosenquote\ (auf\ der\ Basis\ der\ abh.ziv.\ EP) = \frac{Arbeitlose}{abh.ziv.\ ET + Arbeitslose} \times 100$$

Da die statistischen Ergebnisse über alle zivilen Erwerbspersonen differenziert vorliegen (Geschlecht, Altersgruppen, Deutsche/Ausländer, regionale Gliederung), wird die statistische Berichterstattung grundsätzlich dargestellt als „Arbeitslosenquote, bezogen auf alle zivilen Erwerbspersonen".

Beispiel

Jahr	Erwerbstätige	Abhängig Beschäftigte	Erwerbslose
vorletztes Jahr	36.604	32.961	3.722
letztes Jahr	36.816	33.184	3.734
aktuelles Jahr	36.536	32.882	4.071

Berechnung der Arbeitslosenquote für das letzte Jahr, bezogen auf die Erwerbspersonen insgesamt
Erwerbspersonen insgesamt: 40.550.000 (Erwerbstätige plus Arbeitslose)
Arbeitslose: 3.734.000
Arbeitslosenquote = 3.734.000 : 40.550.000 x 100 = 9,20838471
Die Arbeitslosenquote für das letzte Jahr beträgt gerundet **9,2 %**.
Die Veränderung der Anzahl der selbstständigen Erwerbstätigen vom letzten Jahr zum aktuellen Jahr in Tsd.
Die Anzahl der Selbstständigen ergibt sich durch Bildung der Differenz zwischen Erwerbstätigen und abhängig Beschäftigten im letzten und aktuellen Jahr.
Berechnung: (3.632 - 3.654) = - 22
Im aktuellen Jahr ist die Anzahl der Selbstständigen **um 22.000** Erwerbstätige **gesunken**.

4. Finanzpolitik

Allgemeine Kennzeichnung	Die Finanzpolitik ist neben der Geldpolitik ein Instrument der Wirtschaftspolitik. Sie verfolgt das Ziel, Struktur und Höhe des Nationaleinkommens einer Volkswirtschaft mithilfe öffentlicher Einnahmen und öffentlicher Ausgaben zu beeinflussen; sie dient aber auch anderen Politikbereichen, sofern dort öffentliche Mittel eingesetzt werden. • Finanzpolitik (auch Fiskalpolitik) ist eine Sammelbezeichnung für alle politischen und gesetzgeberischen Maßnahmen, die der Ordnung und Gestaltung der öffentlichen Einnahmen und Ausgaben (Staatsfinanzen) dienen. • Neben der Beschaffung von Einnahmen für die öffentliche Hand verfolgt die Finanzpolitik übergreifende nichtfiskalische Ziele wie die Mehrung des (Volks-)Wohlstandes, die Förderung von Gerechtigkeit und sozialer Sicherheit. • Die deutsche Finanzpolitik ist wesentlich durch den föderativen Staatsaufbau geprägt, in dem neben Bund und Ländern auch das Einnahme- und Ausgabeverhalten der Kommunen von Bedeutung ist.

Ziele der Fiskalpolitik	• **Fiskalisches Ziel:** Es ist Aufgabe des Staates, seine Einnahmen zu sichern. • **Allokatives Ziel:** Diese Ziel ist auf eine Veränderung der Ressourcenverteilung gerichtet. Dabei kann es sich um eine Veränderung zwischen Privaten handeln (Probleme bei der regionalen und sektoralen Strukturpolitik), um eine Veränderung der Ressourcenverteilung zwischen Staat und Privaten (Problem der Staatsquote) sowie um eine Veränderung der Ressourcenverteilung innerhalb des Staates (Probleme des staatlichen Haushaltsplans sowie des Finanzausgleichs). • **Distributionsziel bzw. Ziel der Einkommensverteilung:** Das Ergebnis des marktwirtschaftlichen Prozesses, der selbst möglichst wenig gestört werden soll, ist unter sozialen Gesichtspunkten zu korrigieren, z. B. durch die Zuteilung von Transfereinkommen für nicht mehr im Arbeitsprozess stehende Bürger. • **Stabilisierungsziel:** Die öffentliche Hand soll durch gezielte konjunkturelle Impulse (Beeinflussung der gesamtwirtschaftlichen Nachfrage) das Wachstum fördern. In der Bundesrepublik Deutschland hat das Stabilitätsgesetz von 1967 das stabilisierungspolitische Gesamtziel in die Einzelziele Preisniveaustabilität, hoher Beschäftigungsstand, außenwirtschaftliches Gleichgewicht und stetiges wie angemessenes Wachstum gegliedert und damit konkreter gefasst. • **Konjunkturpolitische Ziele,** d. h. das staatliche Einnahme- und Ausgabeverhalten soll entsprechend dem wirtschaftlichen Verlauf dämpfende oder anregende Wirkung haben (antizyklische Finanzpolitik). • **Verteilungspolitische Ziele,** d. h. die Finanzpolitik des Staates soll bestimmten gesellschaftlichen Gruppen Vorteile verschaffen, die andere Teile der Bevölkerung nicht bekommen, ggf. von diesen finanziert werden müssen (Umverteilung). • **Wachstumspolitische Ziele,** d. h. die Finanzpolitik soll so gestaltet werden, dass das wirtschaftliche Wachstum nachhaltig gefördert wird.
Träger	Träger der Finanzpolitik sind Bund, Länder und Gemeinden, wobei jeder Entscheidungsebene bestimmte Aufgaben obliegen, dem Bund z. B. die Verteidigung und die soziale Sicherung, den Ländern die Bildungspolitik, den Gemeinden der Aufbau der örtlichen Infrastruktur. Auf jeder staatlichen Ebene sind die Entscheidungsprozesse durch die Gewaltenteilung nach Legislative, Exekutive und Judikative sowie durch den Einfluss von Parteien und Verbänden vielfältig strukturiert. Hinzu kommt der Einfluss supranationaler Institutionen; hinzuweisen ist auf das zunehmende Gewicht der EU bei nationalen finanzpolitischen Entscheidungen.

Instrumente	Die Instrumente der Finanzpolitik sind in drei Bereiche gegliedert: • **Einnahmenpolitik:** Dazu gehören die Steuer- und Schuldenpolitik (Debt Management). • **Ausgabenpolitik:** Im Rahmen einer Stabilisierungspolitik fällt ihr die zentrale Aufgabe zu, durch Konjunktur- und Ausgabenprogramme die Gesamtnachfrage antizyklisch zu variieren, um auf diese Weise eine Veränderung der Investitions- und Konsumtätigkeit zu bewirken; dafür geeignet sind vornehmlich Investitionsausgaben, die sich nicht nur im Fall der Rezession erhöhen, sondern auch in Boomsituationen reduzieren lassen. Verbreitete Instrumente der Ausgabenpolitik sind Subventionen und Transfers. • **Budgetpolitik:** Je nach seiner Einnahme- und Ausgabestruktur und nach seinen Veränderungen gegenüber der Vorperiode kann ein Haushalt mehr oder weniger expansiv sein und damit entsprechend auf die Gesamtwirtschaft einwirken.
Probleme finanzpolitischer Steuerung	• **Ausweichmöglichkeiten:** Sie orientieren sich vornehmlich an den Vermeidungsmöglichkeiten der Steuern; für die meisten steuerpolitischen Instrumente sind daher die Signalwirkungen von zentraler Bedeutung, die darauf gerichtet sind, die gewünschten Verhaltensänderungen durch steuerliche Entlastungen zu bewirken. • **Diskretionäre oder regelgebundene Finanzpolitik:** Probleme zielorientierter Finanzpolitik bestehen vor allem bei der Prognose und Planung sowie bezüglich des zeitlichen Einsatzes der Instrumente (Timing).

5. Nachfrage- und angebotsorientierte Wirtschaftspolitik

Nachfrageorientierte Wirtschaftspolitik

Die nachfrageorientierte Wirtschaftspolitik weist dem Staat wichtige Aufgaben bei der Stabilisierung der gesamtwirtschaftlichen Entwicklung zu. Durch antizyklisches Verhalten, z. B. durch Ausgabenerhöhung bei schwacher privatwirtschaftlicher Nachfrage bzw. durch Ausgabensenkung bei Übernachfrage, und aktive Wirtschaftspolitik soll der Staat wirtschaftspolitische Verpflichtungen übernehmen. Nachfrageorientierte staatliche Maßnahmen bedeuten, dass der Staat den Bundeshaushalt nachfragewirksam einsetzt. So können die Staatsausgaben durch zusätzliche Transferzahlungen an bestimmte Bevölkerungsgruppen sowie zusätzliche Subventionen an Unternehmen erhöht werden. Andererseits können die Staatseinnahmen durch die Erhöhung von z. B. Steuern und Zöllen verbessert werden.

Angebotsorientierte Wirtschaftspolitik

Es ist eine wirtschaftspolitische Theorie, die davon ausgeht, dass das Investitionsverhalten und damit das wirtschaftliche Wachstum und die Beschäftigung in erster Linie von den Renditeerwartungen der Kapitalgeber bestimmt werden. Die Entscheidung, ob und wo investiert wird, ist daher aus Sicht dieser Theorie vor allem von den wirtschaftspolitischen Rahmenbedingungen (Geldwertstabilität, Löhne, Arbeitszeitregelungen, Steuern, staatlichen Auflagen etc.) abhängig. Eine staatliche Maßnahme angebotsorientierter Wirtschaftspolitik ist die Förderung der Vergabe zinsgünstiger Darlehen zur Erleichterung von Existenzgründungen. Ein weiteres Beispiel für diese Theorie ist die Verringerung der Abgabenlast für die Unternehmen, z. B. durch die Senkung der Sozialversicherungsbeiträge.

Geldpolitik

1. Europäisches System der Zentralbanken (ESZB)

Ziel des Euro-Währungssystems	- Gewährleistung der Preisstabilität (Geldwertstabilität) - Preisstabilität wird definiert als Anstieg des Harmonisierten Verbraucherpreisindex (HVPI) für das Euro-Währungsgebiet von unter, aber nahe bei 2 % gegenüber dem Vorjahr. Entsprechend der Definition muss Preisstabilität dabei mittelfristig gewährleistet sein. - Unterstützung der allgemeinen Wirtschaftspolitik in der Gemeinschaft - Förderung des reibungslosen Funktionierens des Zahlungsverkehrs - Verwaltung der Währungsreserven der Mitgliedsländer - Beratung der EU-Organe und der Mitgliedsstaaten, z. B. im Bereich der Bankenaufsicht und in Fragen der Stabilität des Finanzsystems
Zusammensetzung des ESZB	Das ESZB setzt sich aus der Europäischen Zentralbank (EZB) mit Sitz in Frankfurt am Main und den Nationalen Zentralbanken (NzBen) aller Mitgliedstaaten der Europäischen Union (EU) zusammen. Dem ESZB gehören auch die Zentralbanken der EU-Länder an, die den Euro noch nicht eingeführt haben.
Organe der EZB	**EZB-Rat** Er ist das oberste Entscheidungsorgan. Ihm gehören der EZB-Präsident, EZB-Vizepräsident und vier weitere Mitglieder des EZB-Direktoriums sowie die Präsidenten der 17 nationalen Zentralbanken an. Aufgaben: - Er trifft die geldpolitischen Entscheidungen. - Er hat das Recht, Leitlinien und Entscheidungen zur Ausführung der dem Eurosystem übertragenen Aufgaben zu erlassen. - Er legt die Geschäftsordnung und die Organisation der EZB und ihrer Beschlussorgane fest. - Notenbankmonopol: Ausgabe von Banknoten durch die EZB im Zusammenwirken mit den nationalen Zentralbanken. In Deutschland hat die Deutsche Bundesbank das ausschließliche Recht zur Ausgabe von Banknoten. Die Euromünzen werden jeweils im Auftrag der Regierungen ausgegeben. **EZB-Direktorium** Es besteht aus dem Präsidenten, dem Vizepräsidenten und vier weiteren Mitgliedern. Aufgaben: - Durchführung der laufenden Geschäfte der EZB - Vorbereitung der Sitzung des EZB-Rates - verantwortlich für die einheitliche Durchführung der Geldpolitik im Eurosystem

	Erweiterter Rat Er setzt sich zusammen aus dem EZB-Rat und allen übrigen Präsidenten der nationalen Zentralbanken der EU-Länder, die noch nicht den Euro eingeführt haben. **Aufgaben:** Geldpolitische Befugnisse hat der Erweiterte Rat nicht, doch leistet er in Fragen der Erweiterung der Währungsunion sowie der Harmonisierung der Statistiken wichtige Vorarbeiten.
Geldpolitisches Instrumentarium	**Offenmarktgeschäfte:** • Hauptrefinanzierungsgeschäfte • längerfristige Refinanzierungsgeschäfte • Feinsteuerungsoperationen • strukturelle Operationen • Tenderverfahren **Ständige Fazilitäten:** • Spitzenrefinanzierungsfazilität • Einlagefazilität • Geldmarktsteuerung des Eurosystems **Mindestreserve**

2. Chronik des Euros

März 1979 Das Europäische Währungssystem tritt in Kraft. Im Europäischen Währungssystem (EWS) gelten feste Wechselkurse mit vertraglich festgelegten Schwankungsbreiten. Eine fiktive europäische Währung bekommt den Namen Ecu.

Juli 1990 Erste Stufe der Wirtschafts- und Währungsunion: Der entstehende europäische Binnenmarkt soll in allen EU-Staaten den freien Wettbewerb gewährleisten.

Dezember 1991 Im niederländischen Maastricht einigen sich die Teilnehmerstaaten auf einen Stufenplan zur Einführung der gemeinsamen Währung. Ein Katalog strenger Konvergenzkriterien legt u. a. Höchstgrenzen für Haushaltsdefizit und Staatsverschuldung fest.

Januar 1994 Frankfurt wird Sitz des Europäischen Währungsinstituts, des Vorläufers der Europäischen Zentralbank (EZB).

Dezember 1995 Die künftige Gemeinschaftswährung bekommt den Namen Euro.

Juni 1997 Auf deutsche Initiative hin verpflichten sich die EU-Länder im Stabilitäts- und Wachstumspakt zu dauerhaft solider Haushaltsführung.

Mai 1998 Elf Mitgliedstaaten erfüllen die Aufnahmekriterien für den Euro. Jedoch griffen etliche von ihnen zu massiven Haushaltstricks, um die Vorgaben einzuhalten.

Januar 1999 Beginn der Währungsunion mit unwiderruflichen festen Wechselkursen. Von den 15 EU-Staaten führen Großbritannien, Dänemark und Schweden den Euro nicht ein.

Januar 2001 Griechenland meldet eine Neuverschuldung von zuletzt nur noch 2,9 % seines BIP und darf als zwölftes Land der Eurozone beitreten.

Januar 2002 Euro-Scheine und -Münzen ersetzen in der Euro-Zone die jeweilige Landeswährung. Da der Einzelhandel die Umstellung teils für verdeckte Preiserhöhungen nutzt, spricht man in Deutschland bald vom „Teuro".

2002/2003 Gegen Deutschland, Frankreich und Portugal laufen Defizitverfahren wegen zu hoher Neuverschuldung. Die Länder entgehen schließlich möglichen Sanktionen.

L Geldpolitik

September 2004 Die griechische Regierung meldet der EU, dass die Haushaltszahlen vergangener Jahre falsch berechnet wurden.
März 2005 Die EU-Staaten beschließen nach monatelangen Kontroversen eine Aufweichung des Stabilitätspakts.
Januar 2007 Slowenien führt den Euro ein.
2008 Malta und Zypern führen den Euro ein.
Dezember 2008 Die EU-Staaten kündigen ein auf Pump finanziertes EU-Konjunkturprogramm an, um die Folgen der Finanz- und Wirtschaftskrise abzumildern. Die Stabilitätskriterien für den Euro werden praktisch außer Kraft gesetzt.
2009 Die Slowakei führt den Euro ein.
Oktober 2009 Griechenland korrigiert das laufende Defizit auf 12,7 % seines BIP. Rating-Agenturen stufen die Kreditwürdigkeit des Landes herab.
Februar 2010 Griechenland muss seinen Haushalt unter EU-Kontrolle stellen. Durch drastische Sparmaßnahmen soll sich das Land bis 2012 sanieren.
Mai 2010 Der Deutsche Bundestag verabschiedet das Gesetz zur Übernahme von Gewährleistungen im Rahmen eines europäischen Stabilisierungsmechanismus.
Die Euro-Krise 2010 ist eine Haushaltskrise mehrerer Mitgliedstaaten der Eurozone. Besonders betroffen ist dabei Griechenland, aber auch andere Länder wie Irland, Spanien, Italien und Portugal sind betroffen. Aufgrund dieser Finanzkrise wird der Europäische Stabilisierungsmechanismus entwickelt, der im Notfall gegenseitige Hilfsmaßnahmen vorsieht.
November 2010 Irland braucht bis zu 70 Milliarden Euro aus dem Rettungsschirm. Das schwächt den Euro und erhöht das Risiko einer Abwertungsspirale.
Januar 2011 Estland führt als 17. EU-Land den Euro ein.
Februar 2011 Die Euro-Finanzminister einigen sich darauf, den Europäischen Stabilitätsmechanismus (ESM) mit 500 Milliarden Euro verfügbaren Mitteln auszustatten.
Mai 2011 Die Finanzminister der Euro-Zone beschließen ein 78 Milliarden Euro schweres Rettungspaket für Portugal.
Juli 2011 Auf einem Sondergipfel einigt sich die EU prinzipiell auf weitere Griechenland-Hilfen in Höhe von 109 Milliarden Euro.
September 2011 Die Verschärfung des Stabilitätspakts wird beschlossen. Durch die größte Reform der Währungsunion seit der Euroeinführung 1999 sollen die Regierungen künftig mit härteren und früheren Sanktionen zum Sparen gezwungen werden.
Der Bundestag billigt den erweiterten European Financial Stability Facility (EFSF).
Oktober 2011 Der EU-Gipfel beschließt einen Schuldenschnitt für Griechenland von 50 Prozent. Banken und Fonds müssen auf 100 Milliarden Euro ihrer Forderungen verzichten.
Dezember 2011 Deutschland und Frankreich beschließen, über Vertragsänderungen automatische Sanktionen und Schuldenbremsen in der Eurozone einzuführen.
Nahezu alle Mitgliedstaaten einigen sich beim EU-Gipfel in Brüssel nach zähen Verhandlungen auf eine Fiskalunion. Großbritannien steht im Abseits. Eine Spaltung der EU wird abgewendet.
Januar 2012 Standard & Poor's senkt die Bonität Frankreichs um eine Stufe auf AA. Acht weitere Euro-Länder sind ebenfalls betroffen.
Der EU-Gipfel einigt sich auf einen Fiskalpakt für Euro-Länder.

März 2012 Die Beteiligung privater Gläubiger an der Umschuldung Athens liegt bei 85,8 %. Der Schuldenschnitt wird damit trotz hoher freiwilliger Beteiligung erzwungen.

Die Eurogruppe gibt das zweite Griechenland-Paket frei. Der IWF beteiligt sich daran mit 28 Milliarden Euro.

Die Eurogruppe einigt sich auf eine Erhöhung ihrer Rettungsschirme auf maximal 800 Milliarden Euro. Die spanische Regierung beschließt Sparpaket über 27 Milliarden Euro.

April 2012 Portugal ratifiziert EU-Fiskalpakt.

Griechenland bekommt erste Hilfstranche für Bankensektor.

Standard & Poor's stuft Spanien herab von „A" auf „BBB+".

Mai 2012 Die spanische Regierung übernimmt Die Kontrolle über die angeschlagene Großbank Bankia.

EU-Kommission will Spanien unter Auflagen ein Jahr länger zur Erreichung der Defizitgrenze von drei Prozent geben.

Juni 2012 Die Iren stimmen mit 60,3 Prozent für den EU-Fiskalpakt.

Die spanischen Banken benötigen nach Einschätzung des Internationalen Währungsfonds (IWF) mindestens 40 Milliarden Euro.

Juli 2012 EZB senkt Leitzins auf 0,75 %.

November 2012 Die Euro-Staaten und der IWF einigen sich darauf, Griechenland mehr Zeit für die Umsetzung der Sparvorgaben einzuräumen.

März 2013 Das Rettungspaket für Zypern steht.

Mai 2013 EZB senkt den Leitzins auf 0,5 %.

November 2013 EZB senkt den Leitzins auf 0,25 %.

Juni 2013 EZB senkt den Leitzins auf 0,15 %. Der Einlagezins wird im Minusbereich festgesetzt.

Januar 2014 Lettland führt als 18. Euroland den Euro ein.

September 2014 EZB startet den Kauf von Wertpapieren und startet damit den Kampf gegen die drohende Deflation.

Oktober 2014 Beim Stresstest der EZB fallen 25 von 130 Banken durch.

November 2014 EZB übernimmt die Bankenaufsicht.

Januar 2015 Litauen führt als 19. Euroland den Euro ein.

Im Kampf gegen die drohende Deflation gibt die EZB bekannt, Staatsanleihen im Wert von 1.140 Milliarden EUR aufzukaufen zu wollen.

Nach Neuwahlen droht in Griechenland ein Ende des Sparkurses.

Februar 2015 EZB droht, die griechischen Banken von weiteren Krediten abzuschneiden.

Juli 2016 Großbritannien beschließt den Austritt aus der EU.

L Geldpolitik

Konvergenzkriterien

Maastrichter Vertrag	An einer Währungsunion können nur Staaten teilnehmen, die einander in ihrer wirtschaftlichen Entwicklung ähnlich sind (Konvergenz: Annäherung, Übereinstimmung). Im Maastrichter Vertrag von 1991 wurden Konvergenzkriterien festgelegt, die ein Land erfüllen muss, um der Wirtschafts- und Währungsunion beitreten zu können:
Preisstabilität	Die Inflationsrate darf nicht mehr als 1,5 % über der Inflationsrate der drei preisstabilsten Mitgliedstaaten liegen.
Haushaltsdefizit	Die Neuverschuldung darf 3 % des Bruttoinlandsprodukts nicht überschreiten
Verschuldung	Die öffentliche Verschuldung (in Deutschland: Gesamtverschuldung von Bund, Ländern und Kommunen) darf maximal 60 % des Bruttoinlandsprodukts betragen.
Zinsen	Der Zinssatz für langfristige Anlagen (Staatsschuldverschreibungen) darf nicht mehr als 2 % über dem der preisstabilsten Mitgliedstaaten liegen.
Stabile Wechselkurse	Ein Mitgliedstaat muss vor der Aufnahme in die Währungsunion mindestens zwei Jahre am Wechselkursmechanismus des Europäischen Währungssystems teilnehmen und darf seine Währung dabei nicht abwerten
Unabhängigkeit der EZB	Die Unabhängigkeit der EZB ist im institutionellen Rahmen für die einheitliche Geldpolitik (dem Vertrag über die Arbeitsweise der Europäischen Union, AEU-Vertrag, und der ESZB-Satzung) festgelegt. Die Unabhängigkeit der Europäischen Zentralbank (EZB) ist der Gewährleistung von Preisstabilität förderlich.
No-Bailout-Klausel	Artikel 125 des Vertrages über die Arbeitsweise der EU (No-Bailout-Klausel): Ein Mitgliedstaat haftet nicht für die Verbindlichkeiten der Zentralregierungen, der regionalen oder lokalen Gebietskörperschaften oder anderen öffentlich-rechtlichen Körperschaften, sonstiger Einrichtungen des öffentlichen Rechts oder öffentlicher Unternehmen eines anderen Mitgliedstaats und tritt nicht für derartige Verbindlichkeiten ein.

3. Europäische Zentralbank

3.1 Organisation der EZB

Die Wahl des Präsidenten der Europäischen Zentralbank (EZB) sowie von Mitgliedern des Direktoriums der EZB wird in Artikel 283 Abs. 2 des Vertrags über die Arbeitsweise der Europäischen Union geregelt. Er lautet: „Der Präsident, der Vizepräsident und die weiteren Mitglieder des Direktoriums werden vom Europäischen Rat auf Empfehlung des Rates, der hierzu das Europäische Parlament und den Rat der Europäischen Zentralbank anhört, aus dem Kreis der in Währungs- oder Bankfragen anerkannten und erfahrenen Persönlichkeiten mit qualifizierter Mehrheit ausgewählt und ernannt. Ihre Amtszeit beträgt acht Jahre; Wiederernennung ist nicht zulässig."
Normalerweise fällen die Mitgliedsländer der Europäischen Währungsunion die Entscheidungen über die Zusammensetzung des Direktoriums der EZB einstimmig. Theoretisch reicht eine qualifizierte Mehrheit aus. Bei Entscheidungen, die nicht auf Initiative der Kommission gefällt werden – das EZB-Direktorium wird auf Empfehlung des Ministerrats gewählt -, gilt als qualifizierte Mehrheit eine Mehrheit von mindestens 72 % der betroffenen Mitgliedsländer. Für eine Wahl sind also 72 % der 19 Mitgliedsstaaten der Eurozone nötig. Diese müssen außerdem mindestens 65 % der Bevölkerung der beteiligten Mitgliedstaaten ausmachen.

3.2 Ziele und Aufgaben der EZB

Gesetzliche Grundlagen	Die Aufgaben des ESZB und des Eurosystems sind im Vertrag zur Gründung der Europäischen Gemeinschaft festgelegt. In der Satzung des Europäischen Systems der Zentralbanken (ESZB) und der Europäischen Zentralbank (EZB) werden sie im Einzelnen erläutert.
Ziele	Das vorrangige Ziel des ESZB ist es, die Preisstabilität zu gewährleisten. Soweit dies ohne Beeinträchtigung des Zieles der Preisstabilität möglich ist, unterstützt das ESZB die allgemeine Wirtschaftspolitik in der Gemeinschaft, um zur Verwirklichung der in Artikel 2 festgelegten Ziele der Gemeinschaft beizutragen (Artikel 105 Absatz 1 des EG-Vertrags). Die Ziele der Union (Artikel 2 des Vertrags über die Europäische Union) sind ein hohes Beschäftigungsniveau und ein beständiges, nichtinflationäres Wachstum.
Aufgaben	Gemäß Artikel 105 Absatz 2 des Vertrags zur Gründung der Europäischen Gemeinschaft bestehen die grundlegenden Aufgaben darin, • die Geldpolitik des Euro-Währungsgebiets festzulegen und auszuführen, • Devisengeschäfte durchzuführen, • die offiziellen Währungsreserven der Mitgliedstaaten zu halten und zu verwalten (siehe Portfoliomanagement), • das reibungslose Funktionieren der Zahlungssysteme zu fördern. • **Banknoten:** Die EZB hat das ausschließliche Recht, die Ausgabe von Banknoten innerhalb des Euroraums zu genehmigen. • **Statistik:** In Zusammenarbeit mit den nationalen Zentralbanken erhebt die EZB entweder von nationalen Behörden oder direkt von den Wirtschaftsakteuren die für die Erfüllung der Aufgaben notwendigen statistischen Daten. • **Aufsicht über die Kreditinstitute und Stabilität des Finanzsystems:** Das Eurosystem trägt zur reibungslosen Durchführung der von den zuständigen Behörden auf dem Gebiet der Aufsicht über die Kreditinstitute

L Geldpolitik

	und der Stabilität des Finanzsystems ergriffenen Maßnahmen bei. • **Internationale und europäische Zusammenarbeit:** Zum Zwecke der Erfüllung der dem Eurosystem übertragenen Aufgaben arbeitet die EZB sowohl innerhalb der EU als auch international mit den zuständigen Organen, Einrichtungen und Foren zusammen.

4. Instrumentarium der EZB
4.1 Hauptrefinanzierungs- und Offenmarktgeschäfte

Hauptrefinanzierungsgeschäfte	Das Eurosystem stellt Zentralbankgeld vornehmlich über befristete Transaktionen zur Verfügung. Dabei handelt es sich entweder um Wertpapierpensionsgeschäfte oder um eine mit Wertpapieren besicherte Kreditvergabe der Notenbank an die Kreditinstitute, bei der die Zentralbank notenbankfähige Aktiva zum Pfand hereinnimmt, anstatt sie anzukaufen. Mit Hilfe der befristeten Transaktionen steuert das Eurosystem die Zinsen und die Liquidität am Geldmarkt und gibt Signale über seinen geldpolitischen Kurs. Üblicherweise stehen die wöchentlich im Ausschreibungswege durchgeführten siebentägigen Hauptrefinanzierungsgeschäfte im Mittelpunkt.
Längerfristige Refinanzierungsgeschäfte	Die Liquiditätsbereitstellung mittels der längerfristigen Refinanzierungsgeschäfte erfolgt ebenfalls über befristete Transaktionen. Allerdings werden diese Geschäfte nur in monatlichen Abständen ausgeschrieben. Die Laufzeit dieser Basistender beträgt 3 Monate. Im Zuge der Finanzkrise hat das Eurosystem die Häufigkeit und Laufzeit der längerfristigen Liquiditätsbereitstellung ausgeweitet, indem zeitlich befristet nun auch Operationen mit einer Laufzeit von sechs bzw. zwölf Monaten durchgeführt werden. Zusätzlich werden Refinanzierungsgeschäfte angeboten, die jeweils die Laufzeit einer Mindestreserveperiode abdecken.
Feinsteuerungsoperationen	Feinsteuerungsoperationen werden nur von Fall zu Fall durchgeführt, um unerwartete Liquiditätsschwankungen auszugleichen. Feinsteuerungsmaßnahmen können liquiditätsabschöpfend oder liquiditätszuführend sein. Dies geschieht in Form von sehr kurzfristigen Kreditvergaben bzw. durch die Hereinnahme von Termineinlagen.
Strukturelle Operationen	Sie dienen dazu, die Liquiditätsposition des Bankensystems gegenüber dem Eurosystem langfristig zu beeinflussen. Sie werden z. B. eingesetzt, wenn das Liquiditätsdefizit der Banken aus Sicht des Eurosystems so gering ist, dass die Banken ihren Zentralbankgeldbedarf nicht durch Refinanzierungsgeschäfte mit dem Eurosystem decken müssen. Die geldpolitischen Instrumente können dann nicht wirksam werden. Durch die Ausgabe von Schuldverschreibungen kann das Liquiditätsdefizit aber beispielsweise erhöht werden, sodass die Banken sich wieder bei der Zentralbank refinanzieren müssen.

Verfahrensweisen bei Tendergeschäften	Die offenmarktpolitischen Transaktionen des Eurosystems können grundsätzlich als **Tender** (Versteigerungsverfahren) oder als **bilaterale Geschäfte** (Direktabschluss ohne Tender) erfolgen. Bei der Durchführung der Tender gibt es zwei Varianten: Am **Standardtender** können alle zugelassenen Geschäftspartner des Eurosystems teilnehmen. Laufzeit und Geschäftsabwicklung (von der der Ankündigung bis zur Gutschrift i. d. R. drei Tage) sind standardisiert. Bei **Schnelltendern** kann der Teilnehmerkreis auf bestimmte Institute begrenzt werden. Schnelltender werden nur innerhalb von nur 90 Minuten nach Ankündigung des Geschäfts durchgeführt und am gleichen Tag abgewickelt. Bei den Tenderverfahren wird zwischen dem **Mengentender** und dem **Zinstender** unterschieden. Bei beiden Verfahren geben die Banken ihre Gebote zu einem festgelegten Zeitpunkt ab. Sie wissen nicht, ob und in welcher Höhe andere Banken ebenfalls Gebote abgeben.

4.2 Tenderverfahren

Mengentender	Der Mengentender ist ein Ausschreibungs- bzw. Zuteilungsverfahren für Wertpapierpensionsgeschäfte, das die Europäische Zentralbank (EZB) im Rahmen ihrer Offenmarktpolitik einsetzt. Dabei legt die EZB den Zins (Pensionssatz) fest, zu dem Kreditinstitute Wertpapiere an die EZB verkaufen können, während die Kreditinstitute Gebote darüber abgeben, wie viele Wertpapiere sie abgeben wollen. Zugeteilt wird dann der Betrag, der den Vorstellungen der EZB bezüglich der Geldmenge entspricht. Das einzelne Kreditinstitut erhält dann den Betrag, der seinem Anteil am Gesamtbetrag sämtlicher abgegebenen Verkaufsangebote aller Kreditinstitute entspricht. Die EZB setzt durch die Festlegung des Zinssatzes für den Ankauf von Wertpapieren ein geldpolitisches Signal.
Zinstender	Der Zinstender zeichnet sich dadurch aus, dass die Kreditinstitute neben der Betragshöhe auch den Zinssatz nennen müssen, zu dem sie bereit sind, Geschäfte mit dem Eurosystem abzuschließen. Bei Zinstendern kann das Eurosystem die Zuteilung entweder zu einem einheitlichen Satz oder zu den individuellen Bietungssätzen vornehmen (Zuteilungsverfahren). Zuteilungsverfahren im Rahmen der Platzierung von Wertpapieren durch die EZB Dabei gibt diese einen Mindestzinssatz für Bietungen der Banken vor. Diese geben bei Interesse an Abschlüssen ihre Gebote ab, zu denen sie zum Abschluss bereit sind. Die Zuteilung erfolgt dann nach holländischem oder amerikanischem Verfahren: Beim holländischen Verfahren wird ein einheitlicher Zinssatz oder Preis oder Kurs errechnet, zu dem alle Wertpapiere abgesetzt werden können; beim amerikanischen Verfahren erfolgt die Zuteilung auf der Basis der von den Banken gebotenen Zinssätze bzw. Kurse.

L Geldpolitik

Beispiel für ein Tenderverfahren

Ausgangslage: Die EZB beschließt, 113 Mio. EUR in einem Tenderverfahren zuzuteilen. 3 Kreditinstitute geben Gebote in Mio. EUR ab:

Zinssatz in %	Bank A	Bank B	Bank C
0,62	10	10	
0,61		10	10
0,60		10	10
0,59	10	10	15
0,58	10	15	20
0,57	15	15	20
0,56	10	10	10
0,55	10		15

Ergebnis der Zuteilung

Bietungssatz in %	Menge in Mio. EUR	Bank A	Bank B	Bank C
0,62	20	10	10	-
0,61	20	-	10	10
0,60	20	-	10	10
0,59	35	10	10	15
0,58 = marginaler Zinssatz	18	4	6	8
Summe/Zuteilung je Bank	113	24	46	43

4.3 Ständige Fazilitäten

Spitzenrefi-nanzierungs-fazilität	Zum Instrumentarium des Eurosystems gehören zwei ständige Fazilitäten. Dabei handelt es sich zum einen um eine Spitzenrefinanzierungsfazilität, um Übernachtliquidität zu einem vorgegebenen Zinssatz bereitzustellen und so ein Ausbrechen des Tagesgeldsatzes nach oben zu begrenzen. Die Banken können darauf bei den nationalen Zentralbanken von sich aus und – sofern sie entsprechende Sicherheiten haben – praktisch unbegrenzt über Nacht für Liquidität sorgen. Am nächsten Tag müssen sie den Kredit dann wieder zurückzahlen. Auch dieser Kredit wird auf Pfandbasis abgewickelt. Der Zinssatz für diesen Kredit ist höher als der Satz im Hauptrefinanzierungsgeschäft. Er bildet im Allgemeinen die Obergrenze für den Tagesgeldsatz, da keine Bank, die ausreichend Sicherheiten hat, am Geldmarkt mehr zahlen wird, als sie bei der Notenbank für einen Übernachtkredit bezahlen muss.
Einlage-fazilität	Sie bietet den Geschäftsbanken die Möglichkeit, kurzfristig nicht benötigte (überschüssige) Geldmittel bis zum nächsten Geschäftstag (Übernachtgeld) anzulegen. Die Grundlage hierfür bildet der Einlagenfazilität-Zinssatz, welcher auf dem Geldmarkt als natürliche Untergrenze gilt, da kein Marktteilnehmer einen Kredit zu einem niedrigeren Zinssatz vergeben würde, solange er mit der Geldanlage im Rahmen der Einlagenfazilität eine höhere Rendite erzielen kann. Dieser Zinssatz ist also im Allgemeinen die Untergrenze für den Tagesgeldsatz am Geldmarkt und zählt folglich zu den Leitzinsen des Eurosystems.

Geldmarkt-steuerung des Euro-systems	Die Zinssätze am Geldmarkt bewegen sich innerhalb eines Korridors, der durch die Zinsen für die Spitzen- und die Einlagefazilität begrenzt ist. Innerhalb dieses Korridors orientieren sie sich bei ausgeglichener Liquiditätslage üblicherweise eng am Satz für das Hauptrefinanzierungsgeschäft. Dieser Zusammenhang ermöglicht es dem Eurosystem, die kurzfristigen Geldmarktsätze zu steuern.

4.4 Mindestreserve

Wesen	Die Europäische Zentralbank (EZB) verlangt von Kreditinstituten, auf Girokonten bei den nationalen Zentralbanken (NZBen) Pflichteinlagen zu unterhalten: Diese werden als „Mindestreserven" oder „Reserve-Soll" bezeichnet. Die Höhe der von jedem Institut zu unterhaltenden Mindestreserven richtet sich nach seiner Reservebasis.
Reserve-Soll	Das Mindestreserve-Soll eines Instituts wird ermittelt, indem die Mindestreservebasis mit einem Mindestreservesatz multipliziert wird. Die EZB wendet einen einheitlichen positiven Reservesatz auf den überwiegenden Teil der in der Mindestreservebasis enthaltenen Bilanzposten an. Dieser Mindestreservesatz wurde zu Beginn der dritten Stufe der Wirtschafts- und Währungsunion auf 2 % festgesetzt und liegt zurzeit bei 0 %. Das Mindestreserve-Soll jedes einzelnen Instituts wird durch Anwendung des Mindestreservesatzes auf die Mindestreservebasis berechnet. Die Institute können einen einheitlichen Freibetrag in Höhe von 100.000 EUR von ihrem Mindestreserve-Soll abziehen. Mit diesem Freibetrag sollen die Verwaltungskosten bei einem sehr geringfügigen Mindestreserve-Soll verringert werden.
Reserve-Ist	Zur Erfüllung ihrer Mindestreservepflicht müssen Kreditinstitute Guthaben auf ihren Girokonten bei den NZBen unterhalten. Dabei erlaubt das Mindestreservesystem des Eurosystems den Geschäftspartnern eine Durchschnittserfüllung der Mindestreserve; dies bedeutet, dass sich die Erfüllung der Mindestreservepflicht nach den durchschnittlichen Kalendertagesendguthaben auf den Mindestreservekonten innerhalb einer Mindestreserve-Erfüllungsperiode bemisst. Die Erfüllungsperiode beginnt jeweils nach der geldpolitischen Sitzung des EZB-Rats und dauert vom zweiten Mittwoch eines Monats bis zum dritten Dienstag des folgenden Monats. Die Banken müssen die vorgeschriebene Mindestreserve aber nicht an jedem Tag in voller Höhe als Guthaben auf ihrem Zentralbankkonto haben, sondern nur im Durchschnitt über die gesamte Mindestreserveperiode. Das verschafft den Banken Flexibilität.
Verzinsung	Das Eurosystem will gewährleisten, dass das Mindestreservesystem weder das Bankensystem im Eurogebiet belastet noch den effizienten Ressourceneinsatz behindert. Deshalb werden die Mindestreserveguthaben verzinst, und zwar zum durchschnittlichen marginalen Zinssatz der Hauptrefinanzierungsgeschäfte während der Mindestreserve-Erfüllungsperiode (gewichtet nach der Anzahl der Kalendertage). Dieser Satz liegt daher sehr nahe bei den kurzfristigen Geldmarktzinssätzen. Hält eine Bank im Durchschnitt ein höheres Guthaben auf ihrem Zentralbankkonto als ihr Mindestreservesoll beträgt, wird diese „Überschussguthaben" nicht verzinst.

L Geldpolitik

Bedeutung	Die wichtigsten Funktionen des Mindestreservesystems sind die • Stabilisierung der Geldmarktsätze und die • Vergrößerung der strukturellen Liquiditätsknappheit im Bankensystem.
Sanktionen bei Nichterfüllung der Mindestreserveverpflichtung	Sollte ein Kreditinstitut in der Europäischen Währungsunion die notwendige Mindestreserve der EZB nicht erfüllen, so droht ein Sonderzins von bis zu 5 % über dem Spitzenrefinanzierungssatz bzw. bis zu dessen doppelter Höhe auf alle geliehenen Refinanzierungsmittel für den gesamten Zeitraum der Nichterfüllung. Weiterhin droht ein genereller Ausschluss von den Offenmarktgeschäften und den Fazilitäten sowie die Hereinnahme einer unverzinslichen Einlage bis zur 3-fachen Höhe des Fehlbetrages.

Berechnungsbeispiel für eine Mindestreserve

Mindestreservebasis für Bank A am 31.10.20..	250.000.000 EUR
Mindestreservesoll für Bank A	250.000.000 EUR x 1 % = 2.500.000 EUR 2.500.000 EUR - Freibetrag 100.000 EUR = 2.400.000 EUR
Erfüllungsperiode 35 Kalendertage in der Zeit vom 11.12.20.. bis 14.01.des nächsten Jahres	Die Durchschnittserfüllung der Mindestreserve beträgt für Bank A pro Tag 2.400.000 EUR.
Mindestreserveverzinsung von 1 % für 35 Kalendertage	2.400.000 x 1 x 35 : 36.000 = **2.333,33 EUR**

5. Geldmengenpolitik der EZB

Die Geldmenge M3 setzt sich u. a. zusammen aus dem Bargeld, Einlagen auf Girokonten, kurzfristigen Geldmarktpapieren sowie aus Schuldverschreibungen bis zu 2 Jahren Laufzeit. Das Wachstum dieser Geldmenge wird von der EZB mit großer Aufmerksamkeit betrachtet, da eine übermäßige Geldversorgung von der EZB auf lange Sicht als Auslöser für steigende Preise angesehen wird.

Die EZB fußt ihre Geldpolitik auf der sog. Zwei-Säulen-Strategie. In der ersten Säule analysiert die Notenbank die Entwicklung der Geldmenge, vor allem das weite Geldmengenaggregat M3 und das Kreditwachstum. Dahinter steht die Überlegung, dass Inflation auf mittlere bis lange Sicht immer ein monetäres Phänomen ist. Nur wenn zu viel Geld auf zu wenige Güter trifft, können die Preise auf breiter Front und anhaltend steigen.

In der zweiten Säule ihrer Strategie analysiert die EZB eine große Zahl nichtmonetärer Faktoren, die auf kurze Sicht die Inflationsrate beeinflussen können. Dazu zählen das Wirtschaftswachstum, die Arbeitslosigkeit, Lohnabschlüsse, die staatlichen Haushaltsdefizite und anderes.

6. Wirkungen einer Änderung des Leitzinssatzes

Senkung des Leitzinssatzes	Die Senkung eines Leitzinses weist auf eine ausweitende Geldpolitik hin. Diese hat den Zweck, Kredite zu verbilligen und die Konjunktur zu beleben. Für Unternehmen wird demnach die Finanzierung von Investitionen günstiger, wodurch insgesamt mehr investiert und die Wirtschaft angekurbelt wird. Auch für Verbraucher verbilligen sich die Kredite, was wiederum das Konsumverhalten belebt. Der Aktienhandel erlebt in der Regel ebenfalls einen Aufschwung. Im Gegenzug lohnen sich Spareinlagen aufgrund der fallenden Zinsen jedoch weniger. Da sich mit einer Änderung des Leitzinses auch die Differenz zu dem Zins anderer Länder verändert, die Zinsschere also größer oder kleiner wird, werden auch die jeweiligen Landeswährungen beeinflusst. So wirkt sich eine Zinssenkung in den USA negativ auf den Dollar und positiv auf den Euro aus. Zinsniveauänderungen haben damit auch einen Einfluss auf Im- und Export.
Erhöhung des Leitzinssatzes	Die Erhöhung des Leitzinses deutet auf eine einschränkende Geldpolitik hin. Diese dient dazu, bei einem robusten Wirtschaftswachstum, die damit wachsende Inflationsgefahr einzudämmen. Bei einer Zinsanhebung geben Kreditinstitute ihre damit verbundenen gestiegenen Kosten an ihre Kunden weiter. Dies schlägt sich in gestiegenen Kredit- und Guthabenzinsen nieder. Demzufolge müssen Kreditnehmer für Geldleihen mehr aufwenden und Sparer können mit höheren Zinsen rechnen. Letztlich wird das Investitionsvolumen der Unternehmen eingeschränkt und Verbraucher sparen mehr, als dass sie Kredite aufnehmen. Außerdem werden Anleihen aufgrund der besseren Verzinsung gegenüber Aktien interessanter, da deren Kurse langsamer fallen beziehungsweise steigen. Den positiven Folgen einer Leitzinserhöhung steht somit eine Einschränkung des Wirtschaftswachstums gegenüber.

7. Geldschöpfung

Geldschöpfungsmultiplikator

Der Geldschöpfungsmultiplikator ist ein geldtheoretisches Modell, das das Zusammenspiel von Zentralbank, Geschäftsbanken und Haushalten bei der Entwicklung der Geldmenge erklärt. Das Modell geht dabei von einer Vervielfachung des von der Zentralbank ausgegebenen Zentralbankgeldes durch die Geschäftsbanken aus.

Reservehaltung der Geschäftsbanken

Der Multiplikatorcharakter wird durch einen einfachen Zusammenhang begrenzt: Banken können die Einlagen ihrer Kunden nicht in vollem Umfang als Kredite weiterreichen. Dies liegt zum einen an rechtlichen Beschränkungen (beispielsweise einer vorgeschriebenen Mindestreserve, welche im Euroraum bei einem Prozent der erhaltenen Einlagen liegt) zum anderen auch an der ökonomischen Vernunft der Bank: Sie muss mit regelmäßigen Auszahlungswünschen ihrer Kunden rechnen, weswegen sie zumindest einen Teil des eingezahlten Bargelds als Sicherheit halten muss. Der Anteil der Einlagen, die aus Sicherheitsgründen nicht wieder ausgegeben werden, „bremst" den Multiplikatoreffekt ab.

L Geldpolitik

Mathematisch kann der Geldschöpfungsmultiplikator folgendermaßen dargestellt werden:

$$M_1 = \frac{M_0}{R_S + B_H}$$

M_1 sei hierbei die Geldmenge, die sich aus dem Multiplikatoreffekt ergibt, M_0 das Zentralbankgeld, R_S der Reservesatz der Banken (also derjenige Anteil der Einlagen, die nicht als Kredit vergeben werden) und B_H der Anteil der Bargeldhaltung der Kreditinstitute.

Beispiel
Der Kunde Krause zahlt bei der *Nordbank AG* 10.000,00 EUR ein. Um dem Bargeldbedarf der Kundschaft genügen und die Mindestreservepflichten bei der Bundesbank erfüllen zu können, legt die *Nordbank AG* nun 9 % (1 % Mindestreserve zuzüglich 8 % allgemeine Bargeldhaltung), also 900,00 EUR auf die Seite. Mit den verbleibenden 9.100,00 EUR gewährt sie ihrem Kunden Müller einen Kredit. Damit kann Müller seine Schulden bei Schmidt begleichen. Er zahlt die 9.100,00 EUR auf das Konto von Schmidt bei der *Unionbank AG* ein. Die *Unionbank AG* behält hiervon 819,00 EUR ein. Mit den restlichen 8.281,00 EUR gibt sie Schulze einen Kredit. Schulze kann damit ...

Wie leicht ersichtlich ist, können die Banken aus einer einmaligen Zahlung, im Beispiel 10.000,00 EUR, ein Vielfaches (dies ist der Geldschöpfungsmultiplikator) an neuem Geld schaffen. Hier sind es 17.381,00 EUR (9.100,00 EUR plus 8.281,00 EUR).

Aus 10.000,00 EUR kann unter Berücksichtigung von 1 % Mindestreserve und 8 % Bargeldhaltung der Bank insgesamt eine Geldmenge von 9.100 x 100 : 9 = 101.111,11 EUR geschaffen werden.

8. Inflation

Wesen der Inflation	Inflation bezeichnet einen **andauernden, signifikanten Anstieg des Preisniveaus** infolge längerfristiger Ausweitung der Geldmenge durch Staaten oder Zentralbanken. Es verändert sich also das Austauschverhältnis von Geld zu allen anderen Gütern zu Lasten des Geldes: für eine Geldeinheit gibt es weniger Güter, oder umgekehrt: für Güter muss mehr Geld gezahlt werden, das heißt sie werden teurer. Daher kann man unter Inflation auch eine **Geldentwertung** verstehen.
Ursachen von Inflation	• Die Banken gewähren viel zu hohe Kredite an die private Wirtschaft. • allgemeine Kostensteigerungen (Löhne, Rohstoffe etc.) • zu hohe Lohnforderungen, die erhöhte Preise verursachen (Lohn-Preis-Spirale). • Bei zu hoher Nachfrage nach Gütern steigen die Preise. Dadurch wird wiederum die Geldmenge erhöht. • Zu hohe Erträge aus dem Exportgeschäft: Die Devisen fließen in das Exportland und erhöhen die inländische Geldmenge.

Messung der Inflation	Die Messung der Inflation erfolgt anhand von Warenkörben und Preisindizes. Das Statistische Bundesamt in Wiesbaden berechnet die Preisindizes für verschiedene Personengruppen, z. B. für die Lebenshaltung aller privaten Haushalte, auf der Basis von Warenkörben mit ca. 750 Waren und Dienstleistungen.
Berechnung einer Kaufkraftänderung	Der Preisindex für die Lebenshaltung hat sich wie folgt entwickelt: <table><tr><td></td><td>Jahr 0 (Basisjahr)</td><td>Berichtsjahr 1</td><td>Berichtsjahr 2</td></tr><tr><td>Preisindex</td><td>100</td><td>102,8</td><td>104,9</td></tr></table> Die Kaufkraftänderung im Berichtsjahr 2 gegenüber dem Berichtsjahr 1 beträgt 2,002 %. Rechenweg: (104,9 - 102,8) : 104,9 x 100
Harmonisierter Verbraucherindex (HVPI)	Im Rahmen der Europäischen Wirtschafts- und Währungsunion wurde eine Harmonisierung der Preismessung für die Lebenshaltung auf europäischer Ebene entwickelt. Das Statistische Amt der Europäischen Gemeinschaften (EUROSTAT) veröffentlicht für den Zeitraum das Ergebnis dieser Preismessung als Harmonisierten Verbraucherindex (HVPI). Er beruht auf den nationalen HVPIs, die in allen Staaten des Euro-Währungsgebietes nach einer einheitlichen Methode erstellt werden. Preisstabilität wird definiert als Anstieg des HVPI für das Euro-Währungsgebiet von unter, aber nahe bei 2 % gegenüber dem Vorjahr. Entsprechend der Definition muss Preisstabilität dabei mittelfristig gewährleistet sein.
Wesen der Deflation	Unter einer Deflation versteht man eine Periode, die in der Regel länger als ein Jahr ist, mit negativen Inflationsraten und anhaltenden Beschäftigungs- und Wachstumskrisen.

9. Zahlungsbilanz

Zahlungsbilanz	Die Zahlungsbilanz eines Landes ist die systematische Erfassung und Darstellung aller wirtschaftlichen Transaktionen zwischen den In- und den Ausländern für eine abgelaufene Periode. Sie besteht aus • Leistungsbilanz, • Vermögensänderungsbilanz, • Kapitalbilanz und • Devisenbilanz.
Leistungsbilanz	Die Leistungsbilanz besteht aus vier Teilbilanzen: • Handelsbilanz • Dienstleistungsbilanz • Bilanz der Primäreinkommen • Bilanz der Sekundäreinkommen

L Geldpolitik

Handelsbilanz	In ihr werden Export und Import von Waren erfasst. Ist die Ausfuhr von Waren größer als die Einfuhr, spricht man von einer aktiven Handelsbilanz oder einem Aktivsaldo der Handelsbilanz. Ist die Einfuhr größer als die Ausfuhr, spricht man von einer passiven Handelsbilanz oder einem Passivsaldo der Handelsbilanz. Die Ausfuhr wird durchgängig zu FOB-Preisen nachgewiesen. Die Einfuhr wird im laufenden monatlichen Zahlungsbilanzausweis mit ihrem CIF-Wert ausgewiesen. Um in das Zahlungsbilanzschema zu passen, sind einige Korrekturen an der Handelsbilanz erforderlich. Diese werden unter „Ergänzungen zum Warenhandel" verbucht. Hierbei handelt es sich um Waren, die zunächst in einem Freihandels- oder Zolllager deponiert und nicht verbraucht, gebraucht oder verarbeitet werden. Zum anderen geht es um Waren, die nur durch Deutschland transportiert und in einem anderen Land verwendet werden. Die in der Zahlungsbilanz erfassten Vorgänge werden prinzipiell zweiseitig verbucht, d. h. man geht also von der Annahme aus, dass einem Wertstrom vom Inland ins Ausland stets ein gleich großer Wertstrom vom Ausland ins Inland entspricht. Beide Ströme werden in der Statistik gesondert ausgewiesen (Bruttoprinzip). So muss bei einem Verkauf von Waren an das Ausland, der in der Leistungsbilanz verbucht wird, eine Buchung in der Kapitalbilanz zum formalen Ausgleich der Gesamtbilanz gegenüberstehen. Exportüberschüsse erhalten in der Leistungsbilanz ein Plusvorzeichen, die Einfuhren von Waren und Dienstleistungen sowie die Ausgaben aus Primär- und Sekundäreinkommen werden mit einem Minusvorzeichen versehen. Soweit in Höhe der Ausfuhr oder der empfangenen Primär- und Sekundäreinkommen eine Zunahme der Forderungen Deutschlands gegenüber dem Ausland stattfindet, geht sie in den Saldo der Kapitalbilanz mit einem Minuszeichen ein. In Höhe der Einfuhr können die Verbindlichkeiten gegenüber dem Ausland zunehmen. Dieses wird mit einem Pluszeichen in der Kapitalbilanz verbucht.
Außenbeitrag	Er ist die Differenz zwischen Exporten und Importen von Waren und Dienstleistungen.
Dienstleistungsbilanz	In dieser Bilanz werden die von Inländern geleisteten und beanspruchten Dienstleistungen (Verkehr, Transport, Banken und Versicherungen usw.) erfasst.
Bilanz der Primäreinkommen	Die Primäreinkommen umfassen alle Einkommen aus unselbstständiger Arbeit, die von Inländern an Ausländer oder von Ausländern an Inländer gezahlt werden (etwa für Grenzgänger oder für Arbeitnehmer, die sich weniger als ein Jahr im Inland/Ausland aufhalten, z. B. Saisonarbeiter). Die Primäreinkommen umfassen aber auch Kapitalerträge, die Inländer an Ausländer zahlen oder von Ausländern erhalten, hauptsächlich Zahlungseingänge bzw. Zahlungsausgänge von Devisen und Zinsen, andere Einkommen aus Auslandsinvestitionen und insbesondere der internationale Kreditverkehr. Die wichtigsten Komponenten der Primäreinkommen sind also Kapitalerträge aus Direktinvestitionen, Wertpapieranlagen, Mieten und Pachten sowie Einkommen aus unselbstständiger Arbeit. Einkommen aus selbst-

	ständiger Arbeit bildet nur einen verhältnismäßig geringen Beitrag zu den Primäreinkommen. Wenn z. B. US-Investoren Zinszahlungen auf ihre ausländischen Anleihen erhalten, so wäre dies als Zahlungseingang (also positiv) in der Bilanz der Primäreinkommen der USA zu buchen. Auf der anderen Seite wären Zinszahlungen von US-Kreditnehmern an ausländische Kreditgeber ein Zahlungsausgang (also negativ) in der Bilanz. Übertreffen die Primäreinkommen die Ausgaben, spricht man von einer aktiven Bilanz der Primäreinkommen und umgekehrt.
Bilanz der Sekundäreinkommen	Sekundäreinkommen sind Leistungen ohne Gegenleistungen und erfassen in der Zahlungsbilanzstatistik Gegenbuchungen zu allen Bewegungen von Gütern und finanziellen Aktiva ohne ökonomische Gegenleistung. Sekundäreinkommen sind regelmäßig wiederkehrende, unentgeltliche Leistungen. Sie haben Einfluss auf Einkommen und Verbrauch. Man unterscheidet laufende öffentliche und private Transferzahlungen. Komponenten der Sekundäreinkommen sind also Leistungen, denen keine unmittelbaren Gegenleistungen gegenüberstehen, z. B. laufende Beiträge zu den Haushalten internationaler Organisationen sowie Überweisungen von ausländischen Arbeitnehmern, bestimmte Zuwendungen an Entwicklungsländer, Renten, Pensionen sowie Prämien (ohne Dienstleistungsanteil) und Schadensleistungen der Versicherungen usw. Beispiele: • Nettozahlungen der Regierung an den Haushalt der EU • Heimatüberweisungen der in Deutschland lebenden ausländischen Arbeitnehmer • grenzüberschreitende Renten, Pensionen, Unterstützungszahlungen
Vermögensänderungsbilanz	Für die Klassifizierung als Vermögensübertragung ist es ausreichend, wenn eine der beiden Seiten einen nicht das Einkommen und den Verbrauch berührenden Transfer als einmalig betrachtet. Zu den Vermögensübertragungen gehören Schuldenerlasse, Erbschaften, Schenkungen, Vermögensmitnahmen von Aus- und Einwanderern, immaterielle nichtproduzierte Sachgüter (von der Bundesnetzagentur versteigerte Mobilfunklizenzen) sowie Zuschüsse zu Infrastrukturmaßnahmen von der EU. Zahlungen an den EU-Haushalt gehören dagegen zu den Sekundäreinkommen.
Kapitalbilanz	Die Kapitalbilanz erfasst alle grenzüberschreitenden Kapitalbewegungen (Veränderungen der Forderungs- und Verbindlichkeitsbestände von Gebietsansässigen gegenüber Gebietsfremden). Eine Ausnahme stellen die Transaktionen der jeweiligen Zentralbank dar. Sie werden in der Bilanz der Veränderung der Währungsreserven erfasst. Die Kapitalbilanz wird von der Bundesbank wegen der sehr unterschiedlichen Transaktionen in weitere Teilbilanzen unterteilt. Sie zeigt die Direktinvestitionen und Geldanlagen zwischen dem In- und Ausland. Kapitalimporte führen Devisen zu, Kapitalexporte in das Ausland vermindern den Devisenbestand.
Devisenbilanz	Sie enthält die Abnahme bzw. Zunahme der Devisenreserven der Zentralbank.

Organe der Europäischen Union

	Europäischer Rat	Europäische Kommission	Europäisches Parlament
Zusammensetzung	Der Europäische Rat setzt sich offiziell aus den Staats- und Regierungschefs der Union, dem Präsidenten des Europäischen Rates sowie dem Kommissionspräsidenten zusammen, wobei Letztere kein Stimmrecht besitzen.	• Die Neubesetzung der Kommission erfolgt alle fünf Jahre innerhalb von sechs Monaten nach der Wahl des Europäischen Parlaments. • Jeder EU-Mitgliedstaat stellt einen Kommissar, so dass die Zahl der Kommissionsmitglieder 27 beträgt. • Die Regierungen der Mitgliedstaaten bestimmen gemeinsam den neuen Präsidenten der Kommission. • Der designierte Kommissionspräsident wird anschließend vom Parlament bestätigt. • Er wählt in Gesprächen mit den Regierungen der Mitgliedstaaten die anderen Mitglieder der Kommission aus. • Der Rat verabschiedet die Vorschlagsliste mit qualifizierter Mehrheit und leitet sie an das Europäische Parlament zur Genehmigung weiter.	• Das Europäische Parlament wird von den Bürgern der Europäischen Union direkt gewählt. • Die Wahlen finden alle fünf Jahre statt. • Jeder EU-Bürger hat das aktive und passive Wahlrecht. • Die letzten Wahlen fanden im Juni 2019 statt. Das Parlament vertritt über 490 Mio. Menschen und macht ihre Interessen gegenüber den anderen EU-Organen geltend. • Dem gegenwärtigen Parlament gehören 705 Abgeordnete aus allen 27 EU-Mitgliedstaaten an.

	Europäischer Rat	Europäische Kommission	Europäisches Parlament
		• Das Parlament befragt daraufhin jedes designierte Kommissionsmitglied und gibt seine Stellungnahme zum gesamten Kollegium ab. • Nach Zustimmung des Parlaments wird die neue Kommission vom Rat mit qualifizierter Mehrheit offiziell ernannt.	
Sitz	Der Europäische Rat hat seinen Sitz in Brüssel (Belgien).	Die Europäische Kommission hat ihren Sitz in Brüssel (Belgien).	Die Arbeitsorte des Europäischen Parlaments sind Brüssel (Belgien), Luxemburg und Straßburg (Frankreich).
Aufgaben	• Nach Art. 15 EU-Vertrag gibt der Europäische Rat der EU „die für ihre Entwicklung erforderlichen Impulse und legt die allgemeinen politischen Zielvorstellungen und Prioritäten hierfür fest". • Daneben behandelt der Europäische Rat auch wichtige Fragen, für die auf Ministerebene (also im Rat der Europäischen Union) kein Konsens gefunden werden konnte. • Auch die Gemeinsame Außen- und Sicherheitspolitik (GASP) wird häufig thematisiert. • Die Ergebnisse der Ratstagungen sind	• Die Kommission macht dem Parlament und dem Rat Vorschläge für neue Rechtsvorschriften. • Sie setzt die EU-Politik um und verwaltet den Haushalt. • Sie sorgt (gemeinsam mit dem Gerichtshof) für die Einhaltung des europäischen Rechts. • Sie vertritt die Europäische Union auf internationaler Ebene, zum Beispiel durch Aushandeln von Übereinkommen zwischen der EU und anderen Ländern. • Die Kommission ist dem Parlament gegenüber politisch rechenschaftspflichtig. Es kann der Kommission als Ganzes das Misstrauen aussprechen und sie so zum Rücktritt zwingen. Einzelne Kommissions-	• Das Parlament teilt sich die gesetzgebende Gewalt mit dem Rat in vielen Politikbereichen. • Durch die direkte Wahl des Parlaments wird die demokratische Legitimierung des europäischen Rechts gewährleistet. • Es übt eine demokratische Kontrolle über alle Organe der EU und insbesondere über die Kommission aus. • Es stimmt der Benennung der Kommissionsmitglieder zu oder lehnt sie ab und kann einen Misstrauensantrag gegen die gesamte Kommission einbringen. • Es teilt sich die Haus-

	Europäischer Rat	Europäische Kommission	Europäisches Parlament
	innerhalb des politischen Systems der EU zunächst nicht rechtsverbindlich. Da jedoch die Staats- und Regierungschefs meist innerhalb der Regierung ihres eigenen Staates eine Richtlinienkompetenz besitzen, dienen die Verhandlungsergebnisse des Europäischen Rates auch als Richtlinie für die Treffen des Ministerrats.	mitglieder müssen zurücktreten, wenn der Präsident sie dazu auffordert, und die anderen Kommissionsmitglieder dem zustimmen. • Die Kommission nimmt an allen Tagungen des Parlaments teil, auf denen sie ihre Politik erläutern und begründen muss.	haltsbefugnis mit dem Rat und kann daher Einfluss auf die Ausgaben der EU ausüben. In letzter Instanz nimmt es den Gesamthaushalt an oder lehnt ihn ab.

	Europäischer Gerichtshof	Europäischer Rechnungshof
Zusammensetzung	• Der Europäische Gerichtshof (EuGH) besteht aus 15 Richtern, • die von den Mitgliedstaaten für jeweils sechs Jahre ernannt und • i. d. R. wieder gewählt werden. • Vor dem EuGH können die Organe der EU und die einzelnen Mitgliedstaaten verklagt werden und klagen.	• Der Europäische Rechnungshof (EuRH) besteht aus 27 Rechnungsprüfern, je einem aus jedem EU-Mitgliedstaat. • Die Mitglieder werden vom Rat nach Anhörung des Europäischen Parlaments auf sechs Jahre ernannt (vier durch Los bestimmte Mitglieder erhalten jedoch bei der ersten Ernennung ein auf vier Jahre begrenztes Mandat). • Eine Wiederwahl der Mitglieder ist möglich.
Sitz	Der EuGH hat seinen Sitz in Luxemburg.	Der EuRH hat seinen Sitz in Luxemburg.

	Europäischer Gerichtshof	**Europäischer Rechnungshof**
Aufgaben	• Der EuGH ist das oberste überstaatliche Rechtsprechungsorgan und die höchste richterliche Instanz der EU. • Seine Zuständigkeit erstreckt sich auf die Oberprüfung der Rechtmäßigkeit des Handelns der Organe, • die Einhaltung der Verträge durch die Mitgliedstaaten sowie • die Überwachung der Anwendung und Durchsetzung des Gemeinschaftsrechts. • Neben der Auslegung und Durchführung des EU-Rechts entscheidet der EuGH bei Streitigkeiten zwischen EU-Organen und Mitgliedstaaten sowie • bei der Umsetzung der oft lückenhaften Bestimmungen (Ergänzungsfunktion), sofern er unmittelbar vor Rechtsakten der Gemeinschaft angerufen wird. • Jeder Bürger kann den Europäischen Gerichtshof anrufen, wenn er glaubt, dass seine Grundrechte durch das Handeln der EU-Institutionen eingeschränkt werden.	• Der EuRH ist eine unabhängige Rechnungsprüfungsbehörde. • Der EuRH kann jedoch keine Sanktionen erlassen. Bei einem Verstoß gegen Vorschriften informiert er die zuständigen übergeordneten Stellen sowie die Öffentlichkeit und ggf. die europäische Betrugsbekämpfungsbehörde OLAF. • Seine Aufgabe ist die Prüfung der Rechtmäßigkeit, Wirtschaftlichkeit und Ordnungsmäßigkeit aller Einnahmen und Ausgaben (d. h. der Haushaltsführung) der Organe und Einrichtungen der Europäischen Union.

The manufacturer's authorised representative in the EU is Springer Nature Customer Service Centre GmbH, Europaplatz 3, 69115 Heidelberg, Germany. If you have any concerns regarding our products, please contact ProductSafety@springernature.com

Printed and bound by CPI Group (UK) Ltd, Croydon, CR0 4YY

25/03/2026

02078182-0018